古伊万里
磁器のパラダイス

青柳恵介
荒川正明

とんぼの本
新潮社

古伊万里
磁器のパラダイス

目次

巻頭グラフ
染付　青と白の新世界　4

魅惑の初期伊万里　12
文・青柳恵介

染付磁器ことはじめ　22
解説・荒川正明

伊万里に惚れた男たち　42
文・青柳恵介

柳宗悦―平凡の中の非凡……43
瀬良陽介―伊万里ブームの立役者……49
秦秀雄―裏絵のロマンチシズム……54
ハリー・パッカード―名品奪取のデーモン……61
星野武雄―潔癖なかぶき者……66

74
色絵の誕生と古九谷の不思議
解説・荒川正明

90
鍋島・柿右衛門の美
―寛文デザインの魅力に触れる―
文・荒川正明

100
伊万里　私の楽しみ方
文・編集部
青柳恵介さんの〈くらわんか〉……100
森田直さんの〈蕎麦猪口〉……105

特別紀行
112
鶴岡へ、伊万里を買いに。
文・青柳恵介

上：《色絵双蝶文大皿》 江戸時代（1650～60年代） 径42.3cm 個人蔵
右頁：《染付菊花文小皿》 江戸時代（1630～40年代）径15.8cm 栗林コレクション

巻頭グラフ

染付　青と白の新世界

たなびく雲のようだが実は山。山水の景を描いた大皿で、ぐいぐいと太く強い描きぶりにしびれた。
《伊万里染付山水文大鉢》部分　江戸時代（1630〜40年代）　径41.0cm　栗林コレクション

秋晴れの伊万里湾。17世紀初頭、
日本で初めて焼かれた磁器は肥前有
田からこの地へ運ばれ、船で全国へ
出荷された。

まるで巨大な筍の如く、伸びあがるように屹立する山。
その左方では２隻の帆船が海上を疾走する。呉須の発色
も良好で、初期伊万里大皿の白眉とされる優品。
《染付山水文大皿》部分　江戸時代（1630〜40年代）
径45.4cm　大和文華館

稲穂のむこうの小高い茂みが有田の山辺田窯跡（24～25頁地図参照）で、ここではおもに染付と色絵（古九谷）の大皿を焼いた。

葡萄は豊饒を現す吉祥文。
緩急自在の筆使いが巧み。
《伊万里染付葡萄文大皿》部分
江戸時代（1610〜30年代）
径36.7cm　栗林コレクション

有田の町から伊万里の港までは車で三〇分くらいでしょうか。明治時代に鉄道ができるまで、有田で焼いたやきものは藁でつつんで人馬で伊万里へはこばれ、そこから船で出荷されました。伊万里の港からきたやきものだから伊万里焼、と出荷先ではよばれたけれど、地元有田では江戸時代から有田焼といっていました。

日本ではじめての磁器は肥前（佐賀県）有田の窯で焼かれました。一六一〇年代のことで、技術としてはそのころ肥前で生産していた陶器の唐津焼とさほどかわらなかったようです。ことなるのは素地。陶土ではなく白い陶石を材料にしたことです。それから絵付。絵唐津は茶色の鉄絵だが、伊万里は呉須による青い染付でした。「初期伊万里」といういいかたは一六五〇年代までに焼かれた器をさすもので、以後の古伊万里（江戸時代の肥前で焼かれた磁器をこうよぶ）とは区別されています。

染付磁器や白磁のうえに赤や黄色や緑などで上絵付をする色絵の器も、日本においては有田の窯ではじめて焼かれました。それがいわゆる「古九谷」。古九谷の生産時期は一六四〇〜六〇年代で、初期伊万里とも古伊万里ともかさなるのだけれど、ふつうはそれらといっしょにしません。十七世紀の後半になると、濁手といわれる乳白色の素地に優美な文様を描いた「柿右衛門」や鍋島藩窯でつくる色絵磁器「鍋島」も、登場しました。これらの様式は、伊万里のなかでも別格としてあつかわれています。

山に囲まれた有田の街並。17世紀前半に朝鮮人陶工が窯場を築くまで、この辺に人里はなかった。いまもほぼすべての町民が、窯業関係の仕事に就いている。

初期伊万里、古九谷、柿右衛門、鍋島、そして、金襴手、染付……。江戸時代の肥前磁器、古伊万里は、かくも多様多彩に展開してきたわけです。スタイルも文様も、奥が深いし、幅広い。だから伊万里はおもしろい。

本書では、伊万里の成り立ちやスタイルの変遷を歴史的・美術史的にあきらかにし、かつ、やきもの好き・骨董好きの視点からもとらえた古伊万里の魅力をお伝えしたいと思います。でも出てくるのは手の届かないものばかりだろうって？いえいえ、そんなことはありません。知るべき歴史のツボをおさえ、見るべきものを鑑賞したら、そのうえで、私たちにだって買える・使えるという、ぐっと身近な伊万里へのアプローチ法も提案します。

さて。目の保養となる名品から、わが家の暮らしにつかえる食器まで。あなたの好きな伊万里が、どこかのページにあるとよいのですが。［編集部］

やわらかな白磁の余白がいい。初期伊万里の人物文様はほとんど中国人の姿だが、右端は笠の形から、朝鮮人かも知れないという。
《伊万里染付山水文水指》部分　江戸時代（1610〜30年代）　高18.7cm　栗林コレクション

魅惑の初期伊万里

白磁、鎬ぎ、吹墨、染付……。
一六二〇年代からわずか三十、四十年の間で一気に花開いた、
奇跡のようなやきもの、それが初期伊万里だ。
そこには多彩な技を磨いた陶工たちの喜びが溢れているようだ。

文・青柳恵介

初期伊万里の盃３種。左端は磁器発祥の地の一つとされる天神森窯跡から出土したもので、半陶半磁ともいうべき、しっとりとした釉肌が魅力。いずれも江戸時代（17世紀前半）
高4.5cm（左端）　個人蔵

天神森窯跡から出土したという白磁の盃を、私の友人が持っている。欲しいが、門外不出の盃と称して彼はゆめ手離さない。

その盃［12〜13頁左端］の魅力は先ずでろりとむらに掛かった釉にある。同じような釉調の焼きものは李朝堅手の盃にもありそうなものだが、李朝堅手の場合は釉が素地に万遍なく染み込んでいて、釉の下地があっての上での釉のむらである。釉が未だ溶けきらず、素地を包み込んだか、包み込まないか、その途中で焼きあがってしまったような、この盃の釉調の、言わば危うくも初々しいあがりは、初期伊万里の生掛《なまが》けの魅力をはっきりと示している。おまけに、釉の途切れ目には硬質の磁器になりきっていない吸水性のある地肌が、釉を吸い足りない表情でのぞいている。

これは、唐津が今生まれ変わったばかりの伊万里である。伊万里の盃は丸いのが一般であるけれど、これは腰から口辺部にかけて直線的に開いていて曲線を描かない。盃に限らず、向付にせよ茶碗にせよ、切っ立ての直線は唐津の特長であって、その後の初期伊万里には受け継がれていない。その点でもこれが唐津風な姿をしていると言えるだろう。私は天神森窯跡出土の同型の盃をもう一つ見たことがあるけれど、それは黄土色をしていて、義理にも白磁と呼べる焼きものではなかった。と言って、唐津の土味ではなく、いかにも過渡期の焼きものという印象であった。さんざん伊万里にうつつを抜かした私の友人が、疵だらけの発掘品であっても門外不出の盃として秘蔵する気持はよくわかる。盃をひっくり返して高台を眺めれば、そこに刻された李参平という銘が彼には見えてくるのであろう。

わずか三十年から四十年の間で、燎原に燃える火のように有田を中心にした地域で作られた初期伊万里という焼きものに、もし奇跡を認めるとするならば、それは一気に成しとげられた多様な技術

前見開きページ左端の盃の見込と高台。溶けきっていない釉と、その切れ目からのぞく素地が、いまだ白磁になりきれていないさまをしめす。口径6.7cm

の開発であろう。白磁の完成、白磁に変化をもたらす鎬《しの》ぎ、面取、そして青磁。染付、さらに辰砂《しんしゃ》や鉄砂《てつしゃ》の絵付。磁器創業三十年も経ぬうちに見事な上絵付も施されることになる。

朝鮮渡来の陶工が身につけていた技術や経験は、すでに指摘されているように中国明末の染付や赤絵の、技法やデザインを学ぶことによって磨きがかかり、長年磁器に飢《う》えていた日本の焼きもの好きのおそらくは我が儘放題の注文に懸命に応じることで、陶芸史上の奇跡は起ったのである。あちらの窯でこんなものを作ったという噂はたちまちこちらの窯に伝わり、どこそこの窯で黙々と働いていた何某が独立してどこぞに窯を築いたというような話題で、さぞや有田一帯は賑やかなことであったろう。

賑やかな所に、流行が生まれる。

たとえば吹墨という技法。鷺や兎を象《かたど》った紙片を皿に置き、その上に呉須をスプレー状に吹き掛ける。紙片を取り除き、筆で簡単に輪郭をなぞれば白抜きの鷺や兎が浮かび上がる。中国の天啓古染付を摸した技法だが、伊万里で生産された吹墨の皿の数は古染付の吹墨の皿の何倍、いや何十倍にのぼるだろうか。初期伊万里の時代を一六一〇年代から一六五〇年代とし、それを中国の年表の横に置いてみると、天啓年間（一六二一～二七）はすっぽりその中に入ってしまう。吹墨という技法は決して過去の中国の技法ではなく、伊万里は最新の技法を素早く掠めたのである。伊万里の兎は、鰐鮫の背中を蹴る因幡の白兎よろしく、飛び跳ねる。ふり向きざまに微笑むがごとく。

流行するものには勢いがある。吹墨の兎や鷺ばかりではなく、ただ吹墨のみが掛かっているだけの大徳利もある［16頁］。流行の勢いに乗って作られた器と言えるだろうが、今、その一点を眺めると、初期伊万里特有の青味がかった白の上に呉須の濃淡が、まるで水墨画の霧か霞のような表情を持ち、肌の白さが一層

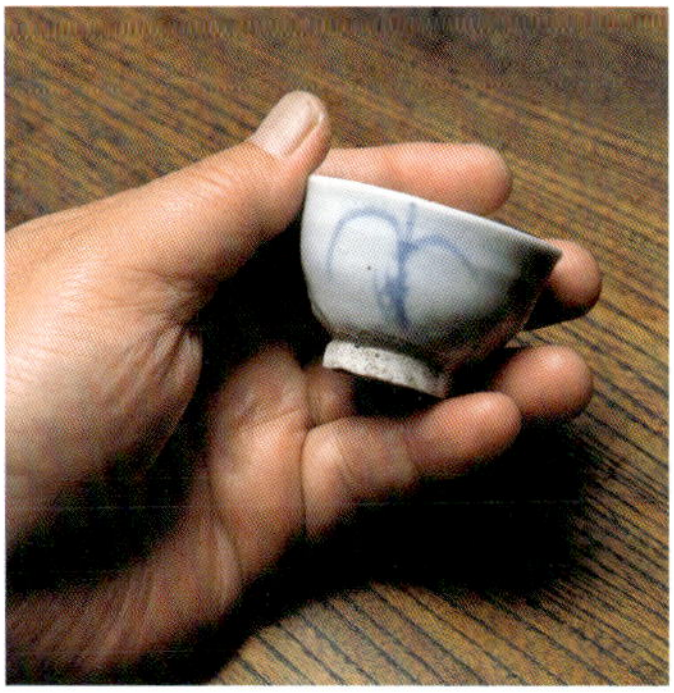

初期伊万里の盃の染付には草文が多く、単純な文様ながら、しみじみと味わい深い。写真は前見開きページ右端の盃の背面。

呉須を霧状に吹きつける技法を吹墨と呼ぶ。多くは型紙を用いて兎や鷺などの文様をほどこすが、この徳利は吹墨のみというもの。
《伊万里吹墨文徳利》 江戸時代（17世紀前半） 高35.9cm サントリー美術館

《伊万里白磁鎬文壺》 江戸時代
（17世紀前半） 高14.4cm 個人蔵

月夜に跳ねる兎の躍動感と振りむきざまの表情が見事。陶磁学者小山冨士夫の旧蔵で「伊万里で一番の兎」と語っていたらしい。素地は高温に耐えきれずにへたっている。皿としては不良品で廃棄されたもの、つまり発掘品だが、絵付だけでなく、このへたりぐあいがまたおもしろい。《伊万里染付吹墨兎文皿》　江戸時代（17世紀前半）　径15.2cm　出光美術館

引き立つ。息を吹き掛けた工人がどのような審美眼を持っていたかは、はかりかねるが、このような斬新な絵付はそうあるものではない。

一つの時代に流行したものの中には、必ず時流から抜けた品が生まれるもので、むしろ工人の審美眼を忖度することは無意味なことで、時流を抜いているか否かの判断は後代の人間に委ねられているのだろう。

初期伊万里の盃は、冒頭に述べた天神森窯の白磁などを例外として、そのほとんどは染付の絵は蘭（露草ともいう）などの草花か、壽の字を略して書いてあるか、さもなくば無地の鎬ぎである。こうした小盃は様々な窯跡から出土しているそうで、やはりいくつかのパターンが流行したことが知られる。

その中の鎬ぎについて考えてみると、何故初期伊万里にこれほど流行したか、わからない。中国明朝の磁器に鎬ぎはなく、李朝白磁の壺や筆筒には時折見かけるけれども、実はそれらの多くは、分院手と呼ばれる十八世紀の李朝であって、初期伊万里の方が古いのである。鎬ぎという一種の立体的な縞文様が日本人の好みに合っているとも思われるが、では何故染付の、俗に言われる麦藁《むぎわら》手《で》が初期伊万里にはないのか、あるいは何故鎬ぎというヘラ彫りが初期伊万里より後の伊万里に受け継がれずに終ってしまったかと問われれば、黙らざるを得ない。

もしかすると、このヘラ彫りは生掛けという施釉方法と切り離せない手技だったのかもしれない。生素地の乾くのを待っているうちに、乾くのが待ちきれずとは言わないまでも、半乾きのボディーに何か彫り跡を付けてみたいと考えるのは工人の生理というものではなかろうか。

ここに掲げた壺［17頁］の、力強くもゆったりとしたリズムある鎬ぎの線を見ていると、進んで仕事に没頭している陶工の生理的な充足感が伝わってくる。彼らは彫られた溝に釉が溜まることを予期しつつ、線を彫ったに違いない。技法の発明が、直に器の生彩に直結しているのは初期伊万里の幸福である。

中皿に大皿に、壺に、次から次に実に多様な図柄、文様が施された。大空の雲の上に四つの壺がふわふわと浮き上がったような図の大皿［21頁］は、はからずも陶工の仕事の喜びが現れているようだ。劇中劇、画中画ならぬ皿中の壺である。自分が今までに絵付を施した壺の絵なら、そらでも描ける、松竹に牡丹に唐草、それに宝尽し。自分は成仏せずとも作った壺には成仏してもらいたい。天に昇る壺を祝して雲でも配しておこうか。そんな気分の溢れた皿である。

ともあれ、長い戦乱の世が終り、仕事に没頭することができるようになった陶工の喜びと、寛永文化を背景に、洗練されたものずきにふける富裕な都会人の趣味嗜好とが幸運にも結びついて生れたのが、初期伊万里という焼きものなのだと思う。

画中画ならぬ皿中の壺。このように壺を描いた文様は初期伊万里では類例がない。
《伊万里染付壺文大皿》 江戸時代（17世紀前半） 径37.0cm 個人蔵

染付磁器ことはじめ

解説・荒川正明

なぜ十七世紀の初めに、肥前有田で染付磁器の生産がはじまったのか？
中国、朝鮮の技術に和風の感覚が加味された
「初期伊万里」成立の事情と、発展の軌跡をたどる。

泉山陶石場の風景。有田の磁器生産は泉山の陶石を発見したことで軌道に乗った。大正のころまで採石は続き、山ひとつぶん削りつくしている。

伊万里焼のふるさと有田

有田川と伊万里湾を望む。

0 5 10km
（2009年6月現在）

有田町の南、波佐見町にある畑ノ原窯跡では、初期伊万里焼成時の登窯を復元している。椀を伏せたような形の焼成室が、操業当時は25室ほど連なっていたという。

原明窯跡の出土陶片。1610年代のもので、陶器（唐津焼）と磁器（伊万里焼）を同時に重ね焼きしていたことがわかる。長12.1cm（右） 有田町歴史民俗資料館

上：小溝窯跡からは、磁器（伊万里焼）の口部と陶器（唐津焼）の胴部をつなぐという、伝世品では確認できない壺の破片が見つかっている。1610～30年代　長11.8cm　有田町歴史民俗資料館
左：小溝窯跡。小溝窯は天神森窯などとともに最も早く磁器を焼いたとされる。

1610〜30年代の製品。見込の釉を輪状にぬぐうのは中国の技法、見込の4ヶ所に残るこげ茶色は砂目積みの跡で、朝鮮の技術である。径13.9cm　個人蔵

上：天神森窯跡。10基以上の登窯があった天神森窯は初期では最大の窯場で、陶器と磁器の小皿や中皿をおもに生産した。
右：天神森窯跡から出土した陶片。1610〜30年代　径15.4cm（扇文）　有田町歴史民俗資料館

Q　陶土を原料とする陶器に対して、陶石を使う磁器の生産は一六一〇年代に肥前（佐賀県）の有田で始まり、その製品は伊万里の港へ運ばれて、そこから船で出荷された。つまり伊万里焼の呼称は生産地ではなく、出荷地に由来するのですね？

荒川　ええ。寛永一五年（一六三八）に京の俳人松江重頼が著した『毛吹草』に、肥前の産物として〈唐津今利《いまり》ノ焼物〉とあるのが初出です。一七世紀の文献では伊万里ではなく「今里」あるいは「今利」と記されることが多い。ただし、有田の窯とほぼ同時期に、いまの長崎県波佐見町でも磁器生産を始めているのですが、そちらの「伊万里」の出荷地は伊万里港ではないかもしれない。有田と伊万里は鍋島藩領ですが、波佐見は大村藩ですから。

Q　古伊万里入門書の多くは、日本初の磁器誕生の由来をこう説明しています。朝鮮人陶工の李参平が泉山［22〜23頁］

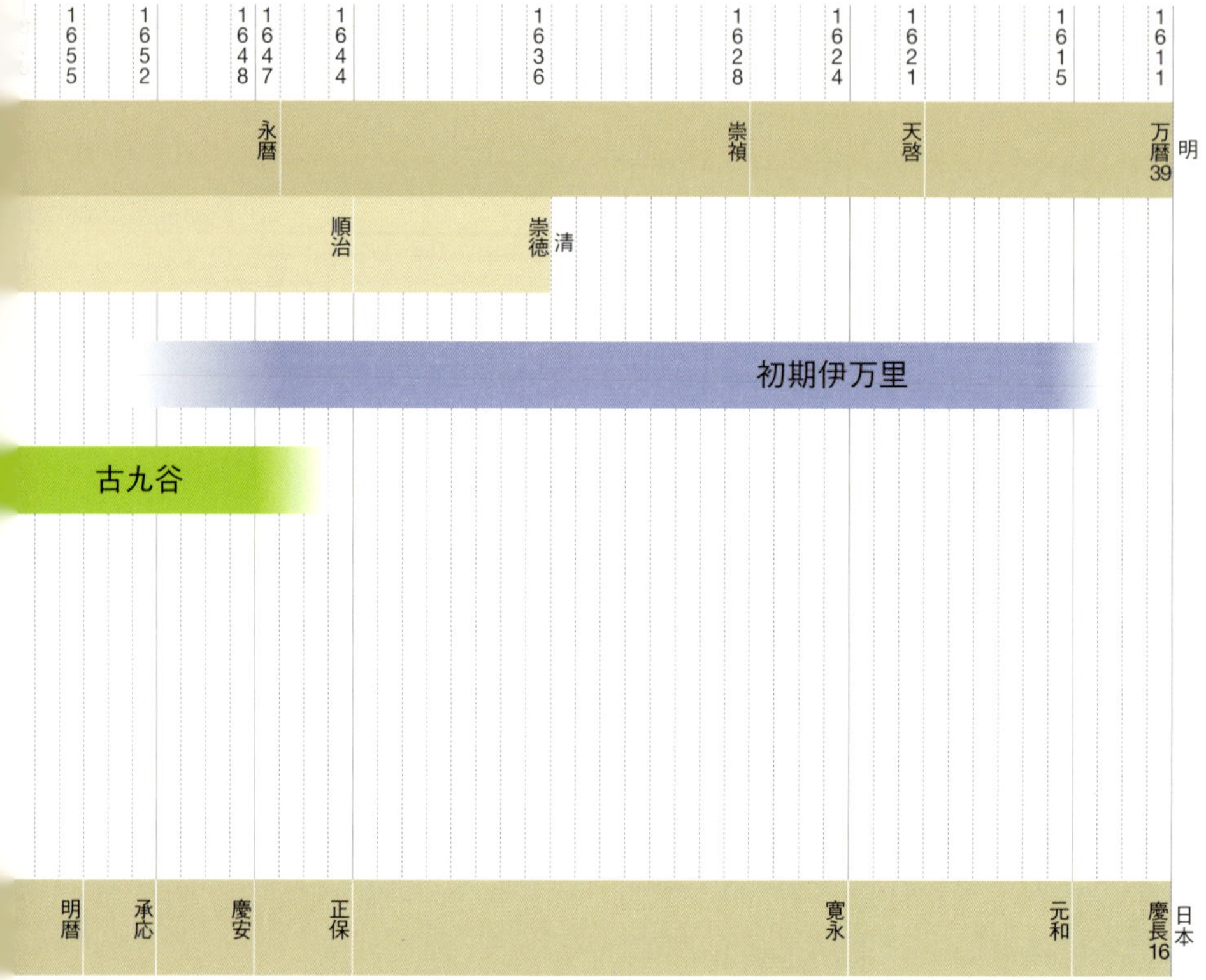

伊万里焼の様式年表

で陶石を発見し、元和二年（一六一六）にいまの有田町東部、天狗谷［24頁上］の窯で生産を始めた。しかし、その通説は誤りとか？

荒川　文献資料にもとづく李参平創始説を覆したのは、前九州陶磁文化館館長の大橋康二さんらの功績です。古窯跡を丹念に発掘調査することで、伊万里磁器を創始したのは有田東部ではなく、西部の窯場だと結論づけた。

Q　**窯は特定できるのですか？**

荒川　ひとつに絞りこむのは難しく、天神森と小溝、小物成［25頁上］あたりで磁器を焼き始めたのだと思います。

Q　**そう考える理由は？**

荒川　目積み製品の出土状況からです。目積みというのは、量産のために碗皿類をいくつも重ねて焼くとき、焼成中に溶けだす釉薬によって上下の製品が付着しないように、皿と皿のあいだ、つまり高台と見込のあいだに、丸めた陶土もしくは砂を挟む技法です。目積みは朝鮮の技

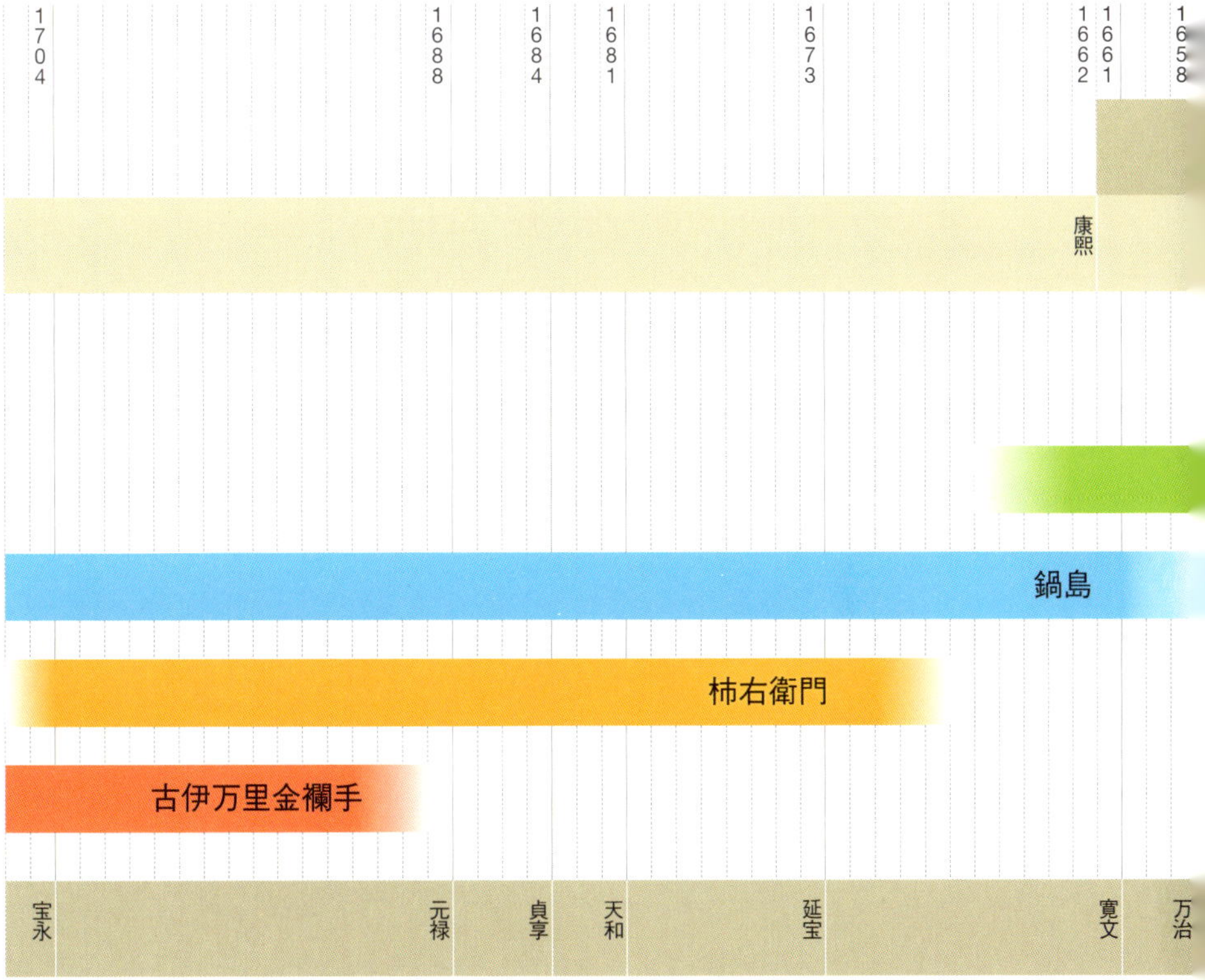

術で、日本へは一六世紀の末、肥前に渡来して唐津焼を始めた朝鮮人陶工によって伝わりました。陶土を用いる方法を「胎土目《たいどめ》積み」、砂を用いるのを「砂目《すなめ》積み」と呼びます。陶器の唐津焼には胎土目と砂目の製品がありますが、伊万里磁器には「砂目積み」しかない。つまり「胎土目積み」は一六一〇年代以前の技法といえます。天神森や小溝などの窯跡からは胎土目と砂目の唐津焼、そして砂目の伊万里磁器が出土しています。有田町東部の窯跡から胎土目製品は出土しません。ということは東西の有田地区のなかで、天神森や小溝などの西部の窯が最古の窯場であり、そこで起った技術革新が周辺の窯に伝わったと考えられる。「砂目積み」もそうだし、磁器焼成の技術も、西部の窯が先駆けだったのでしょう。なお伊万里磁器の創始を一六一〇年代とする根拠は、先ほどの李参平の文献と、流通先の都市遺跡の出土品分析によります。

伊万里焼の様式

初期伊万里
《伊万里染付山水文大鉢》
江戸時代（1640年代）
径47.7cm　日本民藝館

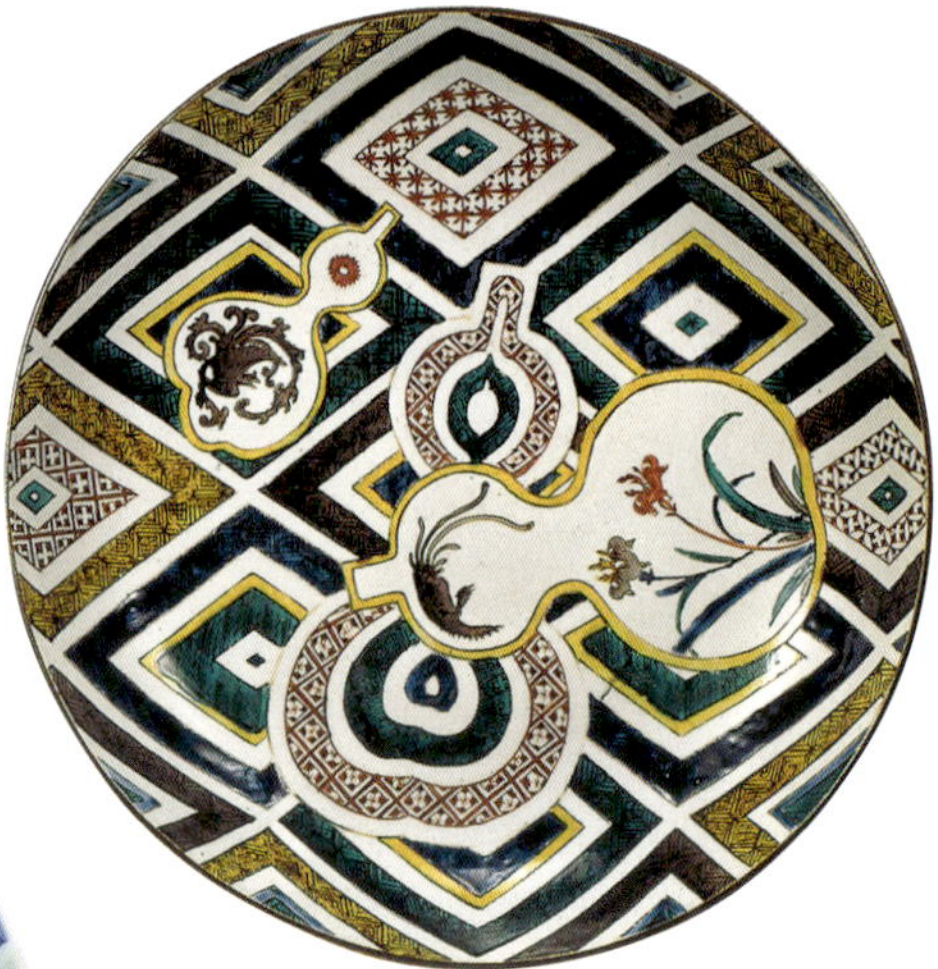

古九谷
《色絵菱畳地瓢箪文大皿》
江戸時代（1640〜50年代）
径35.8cm　大阪市立東洋陶磁美術館

鍋島
《青磁染付花卉文皿》
江戸時代（18世紀前半）
径19.0cm　静嘉堂文庫美術館

柿右衛門

《色絵花卉文八角鉢》
江戸時代（17世紀後期〜18世紀初期）
径19.9cm　静嘉堂文庫美術館

古伊万里金襴手

《色絵花卉丸文菊形皿》
江戸時代（18世紀前半）
径25.3cm　静嘉堂文庫美術館

Q　しかし技術革新といっても、陶器から磁器生産への移行には、かなりの飛躍がある気がします。磁器焼成の技術を持った陶工集団が、また新たに渡来したのでしょうか？

荒川　難しい質問ですね。なぜなら砂目積みの陶器（唐津焼）と磁器（伊万里焼）は原料が違うだけで、ほかの技術に差はないからです。だから天神森でも小溝でも、窯跡からは唐津と伊万里の碗皿が一緒に出土する。つまり陶器と磁器を同じ窯で、同時に焼いているのです。有田西部の原明《はらあけ》という窯跡からは、陶器と磁器を重ね焼きした陶片も出土している［26頁中］。そうした陶片資料を見ると、少なくとも伊万里草創期の窯場で、陶器と磁器の職人が別々にいたとは考えにくい。むしろ飛躍という点では、胎土目と砂目の技術差のほうが大きいと思います。おそらく「胎土目積み」で絵唐津などを焼いていた陶工集団は、磁器焼成の技術を持っていなかった。それを持っていたの

有田での磁器生産のようす

1 泉山の陶石場。その奇景の描写は大袈裟ではないらしい。

2 有田川の水力を用いた臼で粉状になるまで陶石を砕く。

3 陶石の粉を水簸（すいひ）して夾雑物を取りのぞく。

4 窯元の家の中にある工房で、型打ち成形と轆轤挽き、左奥では絵付がなされている。その右には石臼で顔料の呉須を作る婦人も。

6 馬で運んだ薪の松の表皮を剝ぐ。それを窯焚きの燃料にする。

5 素地の乾燥と、絵付した器に釉薬をかける婦人の図。

8 窯焚き。盛んに煙を吐く登窯の焼成室に、炎の色を見ながら薪を投げ込んでゆく。

7 窯入れ。窯の上にあがって水を掛けているのは、過熱による損傷を防ぐためか。

以上の諸場面は、江戸後期（19世紀）に焼かれた径60センチ弱の大皿の部分で、有田における磁器生産の過程が描かれている。

17世紀の作業とは異なる点もあり、たとえば⑦の左部分は素焼の場面で初期伊万里にはない工程だが、窯入れの様子を示すと考えてこの位置に入れた。

《染付有田皿山職人尽し絵図大皿》 江戸時代後期 径59.4cm 有田陶磁美術館

9 奥の土蔵では焼き上がった器を検品中。その前を過る男は、精製した陶石粘土を窯元の工房まで運んでいるところ。

が後に渡来した「砂目積み」の陶工で、当初は従来通り陶土で唐津焼の器を焼いていたのだけれど、そのうち有田の西部のどこかで粘土状に風化した陶石を見つけて、試しに磁器を焼いてみた。それが上手くいったことで、窯元なり出入りの商人なりが磁器生産を指示したのではないか。泉山の陶石場は、そのような状況のなかで発見されたのではないでしょうか。原料さえあれば磁器が焼けるとわかって、その後は必死で陶石の産地を探したのだと思います。

Q　とすると李参平かどうかはともかく、伊万里磁器も唐津焼と同じく朝鮮の陶工が創始したことになりますね？

荒川　ええ。ただし中国の影響も皆無とはいえない。器種や文様の類似については、その頃輸入された明の製品の模倣でしょうけれど、たとえば見込の釉薬を輪状にぬぐった製品［27頁右上］、これをどう考えればよいのか。その技法は中国福建省などの窯で、雑器を生産するときに用いる技術で、朝鮮にはない。目積みと同様、重ね焼きのさいに溶着を防ぐ工夫なのですが、皿の見込をよく見て下さい。「砂目積み」の跡が四ヶ所残っています。溶着を防ぐためなら輪状の釉ぬぐいか「砂目積み」か、どちらか一方でいい。たぶんこの皿を作った陶工は、輪状の釉ぬぐいの目的を理解していなかったのでしょう。また、窯の構造においても中国との類似が指摘されています。有田のように窯の床が階段状になる登窯は朝鮮には認められず、中国福建省の窯などに見られるのです。

Q　一七世紀の朝鮮の磁器は白磁が主で、染付はほとんど作らなかったと聞きます。それなのに有田の朝鮮人陶工は、呉須絵具の知識を持っていた。それも不思議な話です。

荒川　伊万里焼で使う呉須は初期から幕末まで、ずっと中国から輸入していました。鉱物の呉須を加工して絵具にする技術は、おそらく中国人に学んだものでしょう。

Q　朝鮮との関係でもうひとつ疑問があります。唐津焼には鉄絵具で文様を描いた器（絵唐津）がたくさんあるし、一七世紀の朝鮮でも白磁の上に鉄絵を描いていた（鉄砂《てつしゃ》）。しかし伊万里磁器は染付ばかりで、鉄絵の文様がない。なぜでしょう？

荒川　吸坂手《すいさかで》と呼ばれる器［73頁上］のように、鉄釉をベタ塗にした作はありますが、確かに線描きのものは見ない。磁器という新たに獲得した素材で目指したものは、やはり中国スタイルの鮮やかな藍色の染付だったのでしょう。

　ここで少し視野を広げて、日本の食器市場の話をしましょう。とにかく古代から日本は中国陶磁の輸入国で、まあアジアの国々は大体そうなのですが、晩唐・宋・元の白磁と青磁は博多や京都、鎌倉の遺跡から大量に出土するし、明代の一五、一六世紀になると今度は青磁とともに染付磁器の碗皿が主流となり、景徳

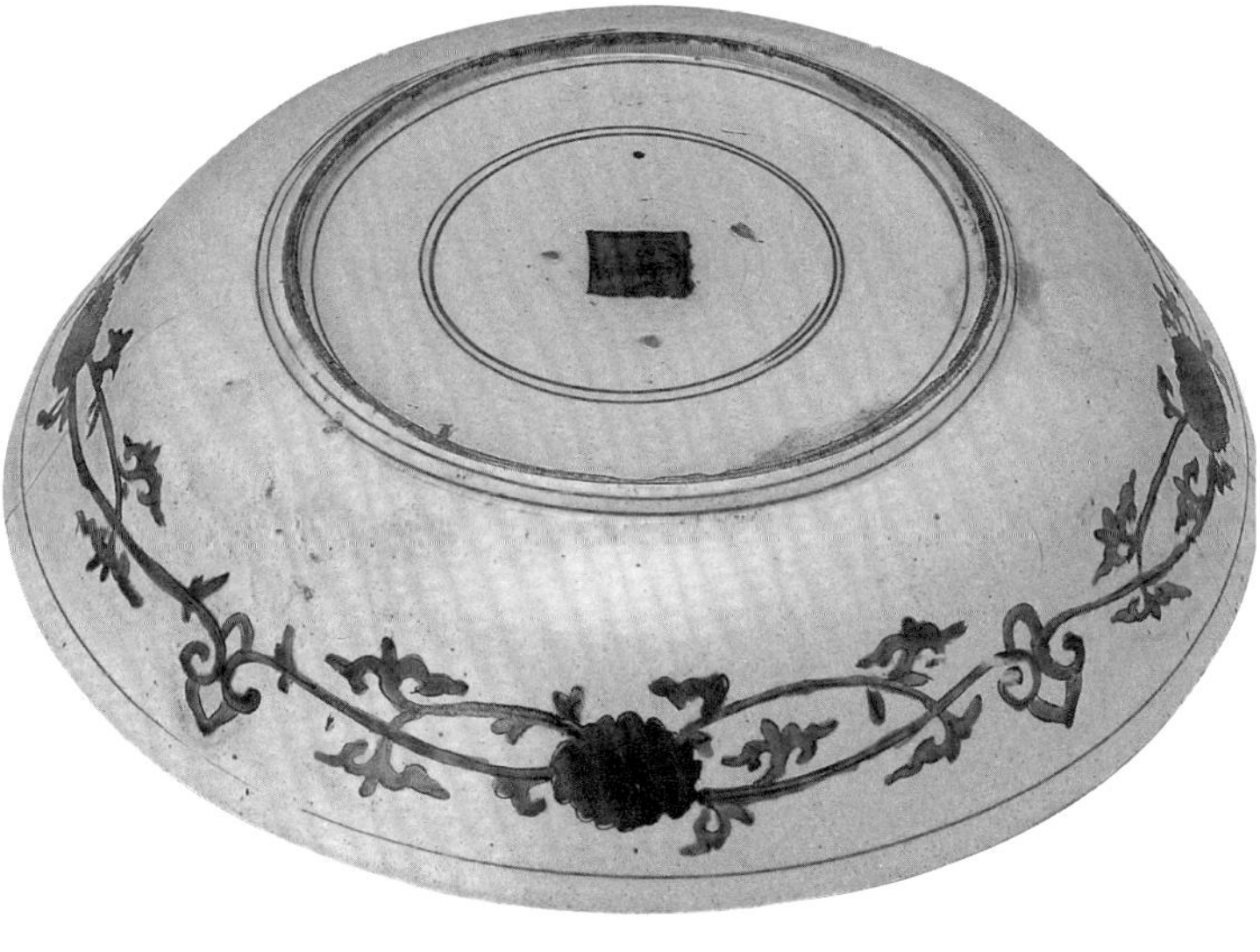

初期伊万里とそれ以後では、素地の成形技術が異なる。
上：初期伊万里の素地は分厚く、高台径が小さい［4頁の作品の底面］。
下：一方、17世紀半ばの色絵磁器の素地は薄く、高台径も大きい
［80頁上の作品の底面］。

粗製の染付（青花）

津軽平野の浪岡城跡（1578年落城）から出土した明代の染付（青花）皿。16世紀にすでに津軽まで中国陶磁が流通していたことをものがたる資料。
径31.5cm　青森市教育委員会
写真提供＝平凡社

日本で使われた中国の染付

呉州染付

明末に中国南方の窯で焼かれた大皿。見込の周囲を8分割するこの手の意匠を芙蓉手といい、江戸の大名屋敷などから出土している。
径45.1cm　東京国立博物館
Image: TNM Image Archives
Source: http://TnmArchives.jp/

古染付

景徳鎮の民窯で、明末に日本向けに生産された主に茶道具の染付磁器を古染付と呼ぶ。図柄は人物以外にも山水や動植物など多彩で、それらを写した初期伊万里の文様も多い。径28.0cm　東京国立博物館

Image: TNM Image Archives
Source: http://TnmArchives.jp/

祥瑞

古染付のやや後、やはり景徳鎮民窯で日本向けに作られた染付磁器。器表を具象文と幾何文で埋めつくすのが特色。祥瑞（しょんずい）の呼名は器底に記された銘文による。径19.9cm　東京国立博物館

Image: TNM Image Archives
Source: http://TnmArchives.jp/

鎮産の高級品から中国南部福建省あたりの粗製品［36頁上］まで、ほぼ全国に行き渡っています。それだけ大量に、しかも手頃な価格で中国磁器が流通していたら、漆器や木器は用途の違いで競争できても、日本の陶器は太刀打ちできない。中世古窯の製品の多くが壺や甕などの貯蔵器か、擂鉢のような調理道具なのはそのためで、食器はほとんど作っていません。ようやく一七世紀の初期に、和風の感覚を生かした美濃窯の志野や織部と、朝鮮渡来の技術による肥前窯の古唐津が登場し、それらは市場の隙間を狙った商人の才覚によってある程度の成功は収めたものの、相変らずやきものによる食器市場は中国磁器の一人勝ちでした。

Q そうした時代に伊万里磁器の生産が始まる。果して商売になったのでしょうか？

荒川 そうとう厳しかったはずです。初期の伊万里焼の主力商品は径が五寸から七寸の染付皿ですが、狙いどころは唐津焼の碗皿の購買層、つまり畿内の都市の富裕層よりも、日本海側の港湾都市や集落などの、それまで中国磁器にあまり縁のなかった客層に、一見中国風に見える染付磁器を売ってゆく。

そうした伊万里焼商人の戦略はとりあえず成功し、伊万里焼の染付に顧客を奪われた唐津焼の窯の多くが、一六一〇年代に潰れます。しかし興味深いことに、陶器と磁器を並行して焼いていた有田地区の窯だけは、一六三〇年代まで唐津焼の生産を続けるのです。それらは無文の碗皿で、染付磁器とは客層が重ならない雑器でした。おそらく中国磁器の商品力に対する畏れから、磁器専業の窯となることにまだ不安があり、いわば商売の保険として、きわめて廉価な陶器を作り続けたのではないか。初期の伊万里焼の陶工は半農半陶の暮しだったといいます。やきものだけでは食べてゆけなかったのでしょう。

Q そうした零細な手工業が、一七世紀後半にはヨーロッパへ輸出するほどの一大産業となるわけですが、その急成長の理由は何だったのでしょう？

荒川 中国の内乱です。一六四〇年代の明末清初の混乱期に、景徳鎮窯も福建省の窯も戦場となり荒廃し、日本を初め海外への輸出が途絶えてしまう。伊万里焼にとってまさに千載一遇の好機が到来したのです。

Q とはいえ中国陶磁の穴を埋めるほどの生産態勢を、有田の窯場が築いていたとは思えませんが？

荒川 そこが歴史の綾というか、寛永一四年（一六三七）に鍋島藩が窯業に初めて介入し、窯場の整理統合を断行しているのです。窯業地を有田の東地区にほぼ限定した上で、窯場の数を一三に統合した。潰された窯は一一ヶ所、天神森も小溝も廃窯になりました。

Q なぜそんなことを？

荒川 表向きの理由は薪燃料となる樹木の乱伐を防ぐためですが、藩にこの政策

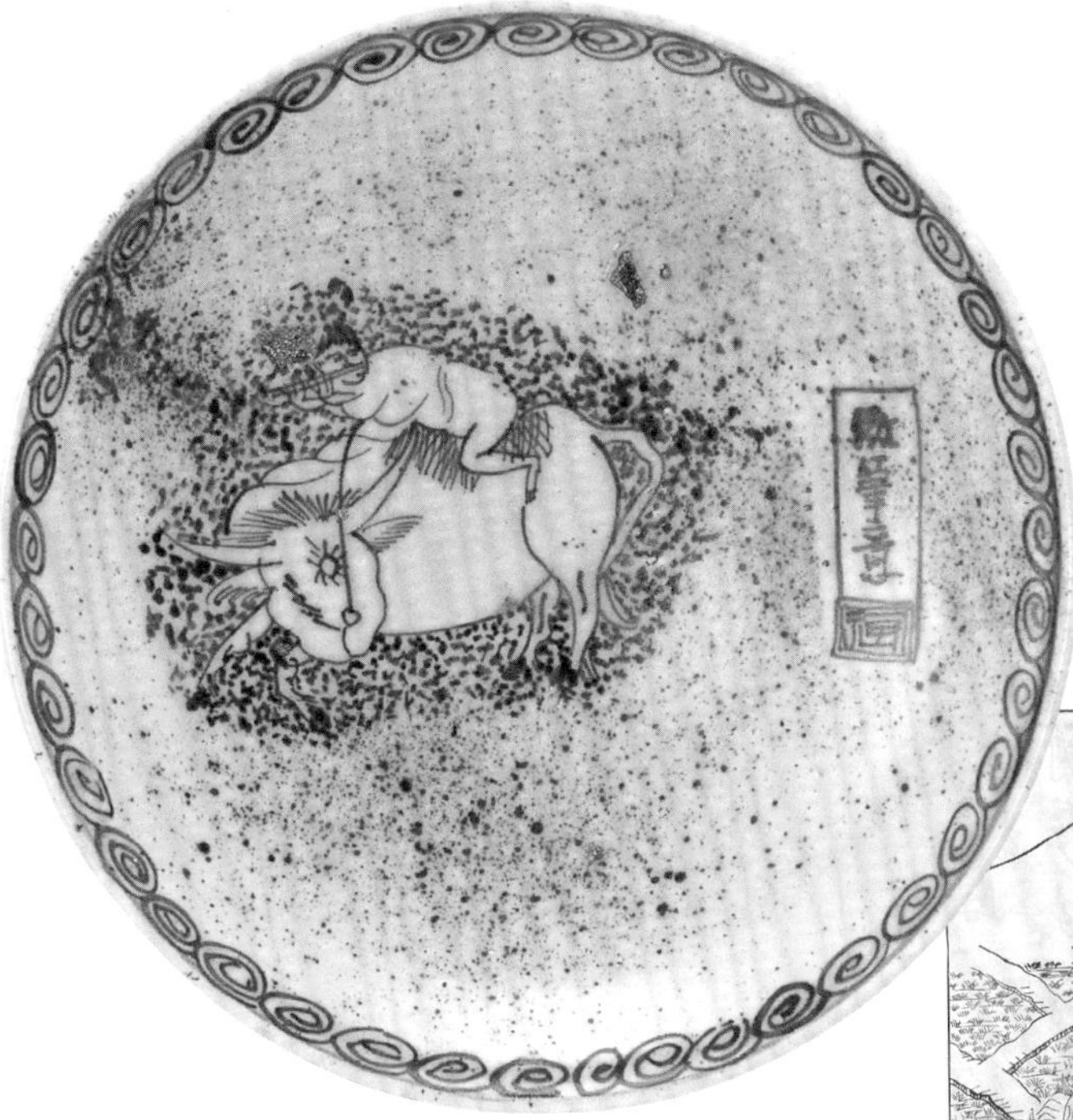

牛の背で笛を吹く童子の文様［上］は、明末の画譜［右］にならったもの。
とはいえ、牛の顔などかなり省略されている。
《染付吹墨騎牛笛吹童子文皿》 江戸時代（1610〜30年代） 径19.4cm
今右衛門古陶磁美術館

を進言した山本神右衛門（一五九〇〜一六六九）には別の思惑もあったはずです。有田地区の監督官だった彼は、当時すでに中国の情勢を摑んでいたのではないか。情報源は呉須商人かもしれないし、あるいは戦乱を逃れて渡来した明の遺民かもしれない。いずれにせよ中国磁器の輸出停止を先読みしていた神右衛門は、陶石採掘場の泉山にも近く、南北を山に囲まれ情報管理にも適した有田の東地区に、いってみれば伊万里磁器専用の大工場地帯を敷設したのです。そしてその読みは見事に当り、記録によれば寛永一八年（一六四一）から八年後には、有田の窯元が藩に納める税金の総額は約三五倍に激増する。製品の質は一六三〇年代までとそう変っていないにもかかわらず、中国磁器の払底による需要増と、それに応える量産態勢の確立によって売上を伸ばした結果、やきものの食器市場において初めて日本のやきものが、中国陶磁を追い抜くことになるのです。

素地に鉄釉を掛けた茶碗。伊万里焼の中で例外的に茶陶を多く焼いたのが初期のころで、その背景には将軍家を中心とする17世紀前半の茶の流行があるという。

《伊万里鉄釉碗》　江戸時代（1630〜40年代）　高6.9cm　個人蔵

染付とともに紅い辰砂（しんしゃ）と色絵を施した香合。恐らく茶人の注文による、初期伊万里でも際立つ精作。
《伊万里色絵鳥形香合》（右）と《伊万里染付辰砂鶴形香合》　江戸時代（1640年代）
高8.6cm（右）　栗林コレクション

米沢藩上杉家に伝来した一対の瓶。透明感のある青磁の発色がきれい。上杉家と鍋島家は当時姻戚だったから、この瓶は贈答品かも知れない。青磁製品の多い山内町百間窯の作か。《青磁染付藤文・葡萄文瓶》 江戸時代（1630〜40年代）高22.8cm（右） 上杉神社稽照殿

伊万里に惚れた男たち

文・青柳恵介

柿右衛門や金襴手といった華美な器の陰にかくれて、ながく埋もれていた伊万里染付の美。それを見いだし、座辺におき、なによりもその余情を愛した五人の男たちそれぞれの、いまはむかしのものがたり。

柳宗悦

平凡の中の非凡

現在、日本民藝館には染付約四百数十点、赤絵約六十点の合計約五百点の伊万里が蔵されているというが、柳宗悦と伊万里、と言うよりも彼と器物の美しさとの出会いの最初の仲立ちをしたのは、俗に言うところの蕎麦猪口だった。

昭和七年に柳は、『工藝』第十九号で「肥前染付猪口」を特集し、挿絵として四十八点の猪口を紹介した。その後『工藝』誌上で「赤絵」や「染付小品」の特集を組んで伊万里の雑器の美しさを世人にうったえた。昭和十七年には日本民藝協会発行の工藝選書の第一冊として、先の『工藝』第十九号の本文を大巾に改訂し、『藍絵の猪口』と題して出版した。この書は全国の青年に大きな影響を与えた。

柳はそこで、猪口は肥前の松浦郡から彼杵《そのぎ》郡にかけ、さらには長崎の波佐見まで、驚くほど広範囲の多くの窯で焼かれていることを指摘し、元禄の頃にはもう作られているだろうが、猪口の収まっていた箱に記された年号を見れば、圧倒的に化政期（一八〇四〜三〇）が多いと述

轆轤上でまわる徳利に、軽く絵筆を当てただけ。この単純な筋文に、柳は何を見たのか。
《伊万里染付横線文徳利》 江戸時代（17世紀前半） 高9.9cm 日本民藝館

伊万里に惚れた男たち◆柳宗悦

柳宗悦旧蔵の蕎麦猪口。細くしなやかな蘭の葉に、濃い呉須で露の点を打つ。柳と伊万里の猪口との出会いは20代のころ、後年に彼は〈染附の美しさもここで学ぶことが出来た〉と記している。

《伊万里染付蘭文猪口》 江戸時代（18世紀前半） 径7.6cm 日本民藝館

べている。そうしてこの多様な文様、図柄の描かれた沢山の猪口に、何故一つとして醜いものがなく、なべてならぬ美しさを持っているか。雑器中の雑器である猪口を作った仕事にひそむ秘密へと、柳の筆はわけ入って行く。

柳兼子夫人の証言によると（筑摩書房版『柳宗悦全集著作篇』第八巻の解説）、柳が伊万里の猪口に惹かれたのは、彼の若き日の我孫子時代のことであり「どこかのお墓に供えてあった湯呑を持ってきてね。子供に、お前たちこれがいいから、これで紅茶飲めとか言って、子供の紅茶茶碗に使ってましたのがそば猪口でした」という。

後年、初期伊万里をふくむ数多の伊万里を蒐集することになる柳宗悦の、この猪口との出会いのエピソードは、墓場の湯呑みを気にすることなく持ってくる点にいかにも白樺派流の迷信嫌いが現れていて面白いが、さらに柳宗悦の器物に接する姿勢を考える際の一つのヒントを含んでいないだろうか。誰もが見捨てて顧みないものを拾い上げて、新たな光のもとで眺めることこそ柳宗悦の生涯の仕事であった。彼の一生は終始美の発見者たらんとする志で貫かれていたと思う。李朝の焼きものも、木喰仏も、瀬戸や丹波の焼きものも、それを発見するということと、それらの持つ美の本質を究めるということとは、柳宗悦にあってはおそらく同義であったに違いない。伊万里においても、ことはまったく同じであった。

ものの製作時期に敏感だった柳は、伊万里の中に江戸初期に作られた一群の焼きもののあることをはやくから認識していたふしがあるけれども、自分の好きなものを選ぶ際には製作時期にとらわれなかった。日本民藝館の蔵する約五百点のうち多くは、いわゆる化政期の伊万里であろう。量産された平凡なるものこそ尊い価値を持つというのが柳の立場であったから。

だが民藝館の伊万里は平凡の中の非凡な輝きを放っている。例えば前頁に掲げた横線文の徳利について柳はこう述べている。「こんな単純な紋様、紋様とさえ云いかねるほどの二、三の横線から成り立っている品がそのままで美しく、又どんな品の中に交っても、その美しさを尚且つ保つということは、とても興味深い事に思われてならぬ。こういう品を見ると、徒らに複雑な、又困難な紋様を試みることの徒労さをさえ省みさせるではないか」（『柳宗悦全集著作篇』第十二巻所収「日本の民窯」）と。轆轤を回し、呉須を含んだ筆を一、二秒徳利の胴体にあてただけで描いた、この線はたしかに美しい。のびやかで屈託がない。それでいて野放図ではない。あるいは、48頁の染付の燭台に目を移していただきたい。細く引締まった首をしっかり支える足、かろやかに広がる受皿、その粋な立姿を象る線と、膝下に描かれた格子じまの線。徳利の横線と燭台の格子じまの線は共に、平凡な中に光る非凡とは如何なるものかを雄弁

柳宗悦（1889〜1961）。昭和24年（1949）頃、古伊万里、古九谷の大皿や染付猪口を展示した民藝館内にて。写真提供＝日本民藝館

に語っている。

柳は朝鮮の美術を語る際に「線の密意」という言葉を用いている。一本の線に籠められた意味の広がりと深さを密意と呼ぶなら、この伊万里の染付の線にも密意を読むことは可能であろう。このいかにも何でもない線の密意は「徒らに複雑な、又困難な紋様を試みることの徒労さ」を嘲笑う。柳をして、文様とは何か、装飾とは何かと黙考せしめる力を持っている。簡単で単純な線でありさえすればよいというものではない。仕事の限りない反復が単純な線に生命を吹き込むのである。しかし、生命は常に吹き込まれるわけではない。同じ窯で、同じ工人が、同じ時に作った横線の徳利すべてに密意が備わっているという保証はない。百の中の一つ、千の中の一つ、見る者の発見によってはじめてあり得る美しさ、柳宗悦の伊万里は私達にそれを教えてくれる。

《伊万里染付格子文燭台》
江戸時代（17〜18世紀） 高14.2cm 日本民藝館

伊万里ブームの立役者

瀬良陽介

四方皿の右隅に鷺を配した構図も巧みだが、厚く掛かった青磁の釉溜りがまた美しい。
《青磁染付葦鷺文四方皿》 部分 江戸時代(1630〜40年代) 21.9×21.7cm サントリー美術館

大阪梅田の阪急百貨店の六階に、美術部と称して何軒もの古美術商が並んでいて、ここが関西の骨董好きの溜り場となっていた時代があった。昭和三十年代から四十年代がピークであったろうか。その中でも活気を呈していた店が瀬良石苔堂であった。考古学界の大御所もサラリーマンも、工務店の経営者も歌舞伎俳優も、骨董を眺めながらわいわいお喋りをするのが何より楽しみだというもの好きが集い、時には東京からやって来る数寄者をまじえ、骨董談義に花の咲くサロンになっていた。

主人の瀬良陽介は日本の古陶を得意な分野としたが、その頃最も熱を上げていたのが伊万里だった。昭和二十年代の終わり、近畿北陸の道具屋を回ると、安い値段で伊万里の染付は山のように買えた。すでに伊万里の雑器の飾らない美しさは、柳宗悦によって紹介されていたが、未だその市場価格を高騰させるまでには至っていなかった。瀬良氏は伊万里の中には本歌の古染付の魅力を凌ぐものがある、それが古染付の十分の一以下の値段しかしないのは理不尽だと考え、見所のある伊万里をせっせと買い溜めた。伊万里にはこんなものもある、こんな味のあるものもある。それを見に石苔堂には人が集まったのである。

瀬良氏が見所のある伊万里として選んだものは、その後に初期伊万里と呼ばれた一群の焼きものと、くらわんか手の伊万里が多かった。当時は初期伊万里の皿は骨董屋では、藍九谷という呼び名で通っていた。瀬良氏は京都の窯業試験所長の水町和三郎の門を叩き、共に天狗谷、百間、稗古場といった伊万里の窯跡を回って深い層から出土する初期の伊万里が如何なるものか大体の見当をつけた。また石苔堂にやってくる様々な個性的な目利きの評価する伊万里がどのようなものかも学んだだろう。

昭和三十四年に瀬良氏は『古伊万里染付図譜』という大型の図録を平安堂書店から出版した。赤絵や錦手の伊万里ばかりが珍重されていた時代に、三百点を越える染付を選んだ。柳宗悦の序文、藤岡了一の「伊万里染付概観」、秦秀雄の図版解説、米浪庄弌の「くらわんか考」、瀬良氏は「発刊に際して」と「伊万里染付猪口に関する私考」という二篇の文章を寄せている。ちなみに巻末にはハリー・パッカード訳による英文解説が付されている。

この出版の一ヶ月後に瀬良氏は阪急百貨店の特別陳列室で「古伊万里染付展」という展示即売会を開催する。それから三年後の昭和三十七年十月には同じく阪急百貨店で、今度は日本経済新聞社の主催で「古伊万里名陶展」という百点を越える伊万里の名品展が開かれる。「中国名陶百選」「日本名陶百選」をつづけて開催した日本経済新聞社が、それにつづくものとして催した展覧会であった。「古伊万里展としては、空前のものと確信いたします」という「開催のことば」

伊万里に惚れた男たち◆

瀬良陽介

瀬良陽介（1917〜99）。平成４年（1992）、大阪の民藝協会にて。
写真提供＝瀬良石苔堂

の一文は、展観の図録を見てもうなずける。この展観によって伊万里は美術史上に本格的に登場するのである。その嚆矢が瀬良陽介の『古伊万里染付図譜』の出版であったことは言うまでもない。

　私事を挿めば、この図譜は私の青春の日の座右の書であった。何度頁を繰り、写真一葉一葉に見入ったことか。いつかこんな伊万里を手に入れたいものだと夢想することもあれば、掲載された品に似た伊万里を買い、それとひき比べて独りごちたこともある。その昭和四十年代の半ば頃、世の中ではまさに初期伊万里ブームが起こっていた。焼きもの好きは吹墨の兎だ、鷺だと血まなこになり、初期伊万里染付の高台の小さい中皿の値は急騰した。初期伊万里の力強い作行の魅力はわかりやすかった。

　瀬良氏の『図譜』を初期伊万里ばかりが尊いという視角から眺めると、何故こんなものまで麗々しく大判の写真で載せているのかと訝しく思われるものもあった。その多くは、くらわんか手の雑器である。くらわんか手が民藝の人々から特に高く評価されていたことと、もう一つは、その作行の素朴さから、初期伊万里の時代までは届かないにしても、かなり古い時期に作られたものと考えられてい

瀬良陽介編『古伊万里染付図譜』。昭和34年に刊行されたこの一冊が、伊万里の染付評価の先がけだった。

伊万里に惚れた男たち◆瀬良陽介

たことが背景にあるのだろう。しかし、そこには瀬良氏の伊万里に対する独自の選択眼が働いてもいるようだ。『図譜』の「発刊に際して」の中で、氏は魅力ある伊万里とは「陶器に近い味」を持ったものであり、「凡そ掌に持った感触が柔かく、且つある程度のどっしりとした重量感」のあるものだと言い、「李朝と天啓と日本とが同居した様な面白さ」だと述べている。鍋島のような上手物の薄作りの対極にあるぼってりとした味の伊万里、錦手や金襴手のように隙間なく描き込んだ絵付の対極にある余白の多い粋な絵付、それが瀬良氏の好ましき伊万里であったのだろう。

　生前の瀬良氏に、生涯扱った伊万里の中で一つを選ぶとすると、それは何かと私が質問すると、しばらく目をつぶり、現在サントリー美術館の蔵する青磁染付の鷺文角皿［49頁］だと答えたことを思い出す。

瀬良から白洲正子が譲り受け、一時手もとに置いていた壺。
《伊万里染付花卉文壺》　江戸時代（1630〜40年代）　高13.0cm　個人蔵

秦秀雄

裏絵のロマンチシズム

伊万里の染付の壺や徳利の絵付には、大概は表絵と裏絵というものがある。きちんと入念に描いた表絵に対して、省筆でこちらが裏側ですとおのずから語るような絵が裏絵である。表絵を楷書とするならば、裏絵は行書か草書である。草花を描いた表絵に配して簡単に蝶や虫を描く場合もある。

秦秀雄は譬えで言うと、伊万里の表絵よりも裏絵を愛した人であった。過剰な装飾を何よりも嫌った。彼の数々の著作を見ると、秦秀雄流の工芸発達もしくは推移の原則があって、どのような分野であっても、初期のものは素朴簡略、時代が経過するに従って精巧緻密になってくるというのである。特権的な立場から初期に巧緻な作が現れ、大衆化する過程で、簡素な作が量産される（例えば織部という焼きもの）という事例はどうやら無視されたようであった。飛躍するけれども、そこに秦秀雄のロマンチシズムがあったと思う。

骨董好きの祖父の運転手として、秦さんのお宅にうかがった日々を私はなつかしく思う。狭いけれど古寺の礎石や苔の生えた蹲《つくば》いを置いた味のある庭を眺め、ゆがんだ伊万里の煎茶茶碗に滴り落ちた少量の煎茶を口にふくんだ日々のことを。「君のように、肥えた土にただのほほんと真すぐに生えた木は面白くないねえ。

秦秀雄（1898〜1980）。最晩年、東京桜新町の自邸にて。床の軸は魯山人の書で「片雲」。写真提供＝松井信義

山、船、鳥、岩、木、家……いずれも抽象一歩手前、そしてなによりこのおおどかな余白が素晴しい。秦秀雄は「日本一」と語り、柳宗悦は〈ほれぼれ〉すると書いた。
《伊万里染付山水文大鉢》 部分　江戸時代（1640年代）径47.7cm　日本民藝館

〈もしこの古伊万里が完璧な形で、線に一分のすきもなかったら、秦さんも私もけっして興味を示さなかったであろう〉（白洲正子）。
《伊万里赤絵横線文壺》 江戸時代（1650年代） 高17.0cm 個人蔵

強風に煽られ、崖っぷちの岩にはりついた木の枝ぶりを御覧なさい。実に見事な形を描いていますよ」と言われ、「こんどはお祖父《じい》さん抜きでいらっしゃい。君にささやかな酒の楽しみを教えてあげるから」と誘われ、私は新しい骨董の世界を知ったのだった。

　おいしい豆腐だけが御馳走ですよというような前置きで始まる静かな酒宴には、必ず伊万里があった。鉄瓶に漬けて燗をした徳利を持ち上げ、「君、これは辰砂だよ。広瀬という窯から出るのです」と、格別に辰砂を尊ぶふうがあったのはどうしてだろうか。「この胴体の自然のふくらみを見て御覧なさい」と言いつつ、何度も何度も、胴体を撫でさする。「豆腐は浮いて来たのをすぐに掬わなければいけません」などと指示し、夜のふけるのに従って北大路魯山人や青山二郎の思い出話をしてくれる。魯山人は墨でものを書く際、筆を舐める癖があり、ある時、魯山人の部屋にお茶を運んだ女中さんが部屋から出てくると、魯山人の顔が墨だらけになっていたと言っていたこと。青山二郎と初対面の時、いきなり「骨董買ってるんだって？　揉んでやろうか」と切り出したこと。今にして思えばメモして置けばよかったことばかりの面白い話で、学生相手の老人にありがちな訓話めいた話は一切なかった。私は秦さんの家からの帰り道、いつも「これは、しみじみの世界だなあ」と思っていた。

　秦秀雄は大学卒業後、中学の国語の教師をつとめるかたわら小野賢一郎の主宰する雑誌『茶わん』の編集にたずさわり、昭和五年北大路魯山人の知遇を得て星岡茶寮に入り、やがて支配人に抜擢される。荒川豊蔵のあとを継いで雑誌『星岡』の編集兼発行人もつとめている。昭和十一年三月発行の『星岡』第六十六号のコラム「饒聞録」に「長いこと『茶寮のハタ』で聞えてゐた本誌の編輯責任者、秦秀雄氏は、今回茶寮を勇退して芝区神谷町十八番地仙石邸の並びに一戸を構へ、一月堂と名乗つて骨董商を開くことになつた。（中略）何といつても武士の商法、殊に、手持になつても決して後悔しないものばかりをやると、自分でも言つてゐる。何うしてもミイラ取りのミイラで、自分が好きでの古美術、骨董だから、道楽に終始しさうな気配も見えんではない。うまくいつて、その道での変り種となることを切望する」とあり、一時は骨董商になったこともあるようだが、昭和十二年には目黒に料亭驪山荘を経営し、昭和十八年に店を閉じ、それ以降は骨董三昧の生活、売買はするが骨董商ではないという、この道の「変り種」として、また、骨董の本を何冊も出版し、自由に生きた数寄者である。伊万里を鑑賞の世界に登場せしめた、その牽引役の一人でもある。

　秦秀雄によれば、日本一の初期伊万里の皿は自分が見つけて柳宗悦に売った山水文大鉢［56頁］であった。力強く、かつ詩情がただよう。「あんな皿は他にないやね」とことあるごとに語っていた。

晩年の柳先生は資金繰りが苦しかったようだ。「見せるだけで帰ろうとすると、何とも淋しそうな顔をするのです。しかし、あの大皿の時は、どうしても置いて行けと言うのです。よほど気に入ったんだね。こちらもそりゃ意気に感じます」というやりとりがあったらしい。日本民藝館では柳さんが方々から金を集め、ボストンバッグに札束をつめて秦秀雄の許に支払いに行ったという話が伝わっている由。

人生の起伏が大きく、周囲の人からの毀誉褒貶の落差が激しかった秦秀雄の最大の理解者は、白洲正子であったろう。ゆるゆる途切れがちに引かれた赤絵の横線の壺［57頁］も、海揚がりの肌合いをした、伊万里の魅力の終着駅とも言うべき温もりを持った茶碗［60頁上］も秦から白洲に渡ったものであり、そこに白洲正子と秦秀雄の趣味が幸福に重なっている様が見えるようだ。

57頁の伊万里赤絵横線文壺の箱書。白洲正子の手だが、マジック書きというところが何とも無造作で愉快である。

秦秀雄旧蔵の辰砂徳利（60頁下）の箱書（自筆）。箱の蓋裏の文字は「珍堂」。秦の代名詞「珍品堂」の略か。

〈まるで陶器のような味わいの上に曲りくねったいでたち……御飯茶盌一万箇中の一つ、十万箇中の一つとして選び出された茶盌〉（秦秀雄）。
《伊万里染付松葉文茶碗》　江戸時代（17世紀前半）　口径12.8cm　個人蔵

伊万里に惚れた男たち◆秦秀雄

秦秀雄旧蔵の辰砂徳利。辰砂とは銅を用いた紅釉のことで、伊万里焼ではほぼ初期に限られる。
《伊万里辰砂草文徳利》　江戸時代（1630年代）　高11.4cm　個人蔵

名品奪取のデーモン

ハリー・パッカード

秦秀雄から瀬良陽介、そしてパッカードへと渡った花入。楽しそうに踊る童女の洒脱な描写が見事。
《伊万里染付童女遊戯文四方花入》 江戸時代（17世紀半ば）
高21.0cm
The Metropolitan Museum of Art, The Harry G. C. Packard Collection of Asian Art, Gift of Harry G. C. Packard, and Purchase, Fletcher, Rogers, Harris Brisbane Dick, and Louis V. Bell Funds, Joseph Pulitzer Bequest, and The Annenberg Fund Inc. Gift, 1975(1975.268.473)

李朝にせよ、丹波や信楽大壺にせよ、あるいは伊万里にせよ、それまで世の中で評価されていなかった焼きものが、何人かの先達によってその美しさが見出され、なるほどと大衆もうなずいて世にブームが起こらんとする時には、まだあちこちの土蔵だか物置きには沢山の眠っている名品がありそうなものなのに、名品中の名品は既に持つべき人が持っていて、以後それに匹敵するものはなかなか現れない、という不思議がある。

メトロポリタン美術館に収められた日本美術四〇〇点を越すパッカード・コレクションに含まれている何点かの初期伊万里を見ると、その不思議に何か溜息が出る。童女が旗をひるがえした竹竿を持って踊っているような絵の長方形の花入［61頁］など、世にこれ一つしかないものであり、類品すら知らない。また、駘蕩たる気分で描かれた網手文様の壺［64頁］。中国の几帳面な網手文様を、柔らかい筆致で崩して楽しんでいる。このように雑な見事さをうったえる壺は、初期の網手の壺は他にあっても、これしかない。四方花入は倉橋藤治郎旧蔵のもので、秦秀雄が所有しているのを瀬良陽介が法外な値をつけて譲り受け、さらに目の玉が飛び出るような値をつけたにもかかわらず、瀬良からパッカードが買ったものだという。また、網手の壺は、他の網手の壺が五万円で買えた昭和三十五年頃に瀬良陽介が五十万円の値を付けた。それをパッカードは平気な顔をして買って行ったという。

昭和三十六年にアメリカ西部のオークランド美術館でパッカードは「日本陶磁展」を開催する。アメリカではじめての試みの展覧会である。それは四部構成の展観であり、第一部に「Survey of Japanese Ceramics」として縄文・弥生から六古窯、近世の美濃・唐津、江戸期の磁器や京焼まで、第二部に「Early Hizen Underglaze Blue Porcelains」として初期伊万里染付の数々（一点だけくらわんか手の徳利が入っている）を並べた。第三部が「Folk Ceramics」で笠原、弓野、伊万里の蕎麦猪口、瀬戸の石皿・油皿、丹波の雑器、第四部が「Modern Ceramics」で富本憲吉、河井寛次郎、浜田庄司、石黒宗麿、金重陶陽、北大路魯山人等々、八木一夫まで、要を得た見事な展観である。図録の解説は小山冨士夫が担当している（実際は小山はパッカードに名前を貸すから原稿を書けと言ったという）。小山は解説のみならずコレクターの人々や東京国立博物館からの品物の借り出し、その他全面的な応援をした。昭和三十六年前後、鎌倉の小山邸にパッカードは足繁く通って来て、部屋に入るなり小山冨士夫と怒鳴り合いの喧嘩か議論か、二人の大声がいつも聞えて来たというのが、小山氏の子息の岑一《しんいち》さんの思い出である。

それにしても、この展観の第二部に〝Survey〟から特化して初期伊万里の部を置いているのが注目されるだろう。瀬良氏の『古伊万里染付図譜』出版からまだ二年しか経っていない。既にこのオークランドの展覧会に、後年メトロポリタンに収められたパッカード蔵の初期伊万里はすべて出品されているのである。彼が初期伊万里を他の伊万里と区別して評価していたこと、そしてそれを日本の陶磁史の上で桃山の志野や織部、唐津と肩を並べて遜色のない焼きものとして捉えていたことが知られる。因みに当時日本橋の一流の骨董商などでは伊万里は商売の対象外の焼きものであり、いわんや茶道具商で伊万里と言えば、まだ型物赤絵を意味していた。彼自身、その著『日本美術蒐集記』の中で「私は日本美術の中で、いわゆる盲点をいろいろと見つけたが、その中で最も盲点らしい盲点は初期伊万里だったと思う」と述べている。

　瀬良陽介が先輩から「伊万里をそんなに高くしちゃいかんよ」と言われたほどの高い値段の伊万里を平気で買って行ったパッカードはさぞや資産家と思われるかもしれないが、若い頃の彼は素寒貧の日本美術研究者。穴のあいた靴に弊衣をまとい、博物館に通って日本語でノートを取り、喰い下がるように研究者に質問を発して恐れられた。中年を過ぎ、妻子を持つ身ながら早稲田の大学院に入学し、

ハリー・パッカード（1914〜91）。昭和50年（1975）、鍋島焼の皿を手に。

昭和36年（1961）に米国オークランド美術館で開かれた「日本陶磁展」の図録。パッカードの監修による展観で、左の網手の壺ほか初期伊万里の優品も多数出品された。

研究会を作ったりもした。が、古典の輪読会を開いても徹底的な詮索癖に他の学生が悲鳴をあげて長続きしない。類いまれな集中力をもって日本美術を蒐集し始めるや、鋭い目で名品を入手しつづけるが、潤沢な資金があるわけではなく、支払いが有耶無耶になって、彼を嫌う骨董屋も多かったという。パッカードをよく知る人の言によれば、二重人格などという生易しいものではない。三重にも四重にも折れ曲った人であり心中のデーモンと常に格闘していた人間だ。目が利き、自信があるのにすぐには買わない。一人の学者に相談し、その結論を他の学者に伝えて感想を聞き、大てい三人以上の専門家の意見を徴してから買う買わぬの判断をしたという。

　ホテルのボーイが英語で話しかけると、彼は無礼者めと日本語で激怒したという話だ。

花器にいけた草花を描く、パッカード旧蔵の五寸皿。
《伊万里染付草花文皿》 江戸時代（17世紀前半） 径14.9cm
The Metropolitan Museum of Art, The Harry G. C. Packard Collection of Asian Art, Gift of Harry G. C. Packard, and Purchase, Fletcher, Rogers, Harris Brisbane Dick, and Louis V. Bell Funds, Joseph Pulitzer Bequest, and The Annenberg Fund Inc.Gift, 1975(1975.268.456)

星野武雄

潔癖なかぶき者

星野武雄（中／1906〜95）。道具商の集まりだろうか。星野はいっとき歌舞伎役者でもあった。
写真提供＝星野博子

《伊万里染付撫子文猪口》 江戸時代
（18世紀） 高5.0cm

右頁の猪口の背面。静かに二羽の蝶が舞う。星野旧蔵で、いまは筆者の手もとにある。

星野武雄ほどものを大事に扱った人を私は知らない。ものに似合ったきれを選び、仕覆を作り、どんなものであれ、とびきり上等な箱を誂える。人から人にものが伝わっても、箱を見ただけで、星野さんの旧蔵のものと知られる。疵のあるもの、シミの出たものを嫌い、まるで今出来上がったような綺麗なものが好きだった。好きと言うより、異常なまでに潔癖で、汚いものには手で触れるのがいやだという感じがあった。

私の祖父とは遠い親類であり、若い頃からの友達づき合いだったから、私は子供の頃から知っており、無愛想だがいきなり「おい、おめえへソねえだろ」などと面白いことを言うオジチャンで、不思議にいい匂いのする人で、好きだった。私がもの心がついた時には既に京都に住んでいたが、元来は生粋の江戸っ子だった。京橋にあった芝居小屋の新富座の前か隣かのさる屋という芝居茶屋に生れ、おばあさんに溺愛されて、贅沢のし放題に育ったという。我家に来ると、私の祖母に「今日《こんち》、おかずは何だい」と尋ねて、気に入れば食べて行くし、気に入らなければ帰って行く。

私が下手物に関心を持つようになり、時々関西に旅をすると、晩飯だけ喰いに来いと言ってくれ、高級な仕出し料理をとってくれる。あまり話題もないので私が黙々とぱくついているのを鼻唄をうたいながら眺めている。「おい、お前何か買ったか」と初めて聞いてくれた時は嬉しかった。常滑の壺を何千円かで買いましたと答えると、フフンと言いながら夫人を呼び、こいつに信楽を見せてやれと言って、出て来た信楽の蹲《うずくまる》の素敵さは目に焼きついている。感想を述べるのもはばかられるから、黙々とぱくつくが如く見るだけであった。箱の紐を白く長い指で器用にも不器用にも見える仕草でほどいたり、結んだりする手つき、ものを人の前に置くときの、わざとぞんざいに扱うかのような様子、照れ屋であることは江戸っ子の必須の条件だと思われた。「この頃、秦はどうしてる」と聞かれることもあった。秦さんに「最近星野はどうしていますかね」と言われることもあり、何となくこの二人は私にとって両巨頭となった。それにしても例えば伊万里でもどうしてこれほど好みが違うのかと、面白く思われることしばしばだった。星野さんは、「秦はいい歳をして雨に濡れた菫みたいな伊万里が好きなのだ」などと言うし、一方秦さんは「星野みたいな酒一滴飲めない男にどうして徳利や盃がわかりますか」などと言うのである。両巨頭は互いを意識し合っていた。

これはいかにも星野好みだと私が思ったのは、吸坂手の皿である。現在同じ手のものが北村美術館の蔵する所となっているが［73頁上］、それは皿の半分ずつ鉄釉と瑠璃釉とが掛け分けになっていて、瑠璃釉の方に皿の半径を直径にしたくらいの大きさの円が、白抜きになっている。鉄釉を山に見立てると、濃い目の瑠璃釉は夕暮の空であり、ちょうど山の端にまんまるの月が上った図として眺められる。心にくいまでに粋な意匠の皿だ。さらに吸坂手の特長として作行が眠む気の醒めるほどにシャープである。星野さんがやはり鼻唄をうたいながら一枚ずつ布をはらって卓に皿を置く格好を見て、私はこれこそ自己表現だと思ったことだった。

　同頁下の矢羽根が放射状に描かれた矢車文様の染付皿は、長年我家で五月の節供になると祖母が柏餅を盛っていた皿だが、この皿にも星野武雄の趣味がしのばれる。寛永文化花やかなりし頃、江戸の都を闊歩した伊達男がいかにも好みそうな文様である。晩年の岸田劉生と星野武雄は親しくつき合ったようだが、二人は初期肉筆浮世絵のでろりとした美しさを共感することで意気投合したのではなかろうか。

　72頁の扁壺のような形の丸文の徳利は現在日本民藝館の所蔵品だが、星野武雄から柳宗悦に渡ったものと聞く。鉄絵と染付の渦巻文様がどっしりと安定した胴体の上に勢いよく躍っている。かぶいているという印象の強い伊万里だ。さる屋の若旦那は一時期歌舞伎俳優になったこともあるらしいが、長続きはしなかったようだ。が、骨董の趣味を通してかぶき者の粋と意地は生涯貫いたかの如くだ。

　先に秦秀雄の最大の理解者は白洲正子だったのではないかと私は書いた。ここでも星野武雄の最大の理解者は白洲正子だったのではないかと書きたい誘惑にかられる。白洲さんが愛した茜色で十字文白抜きの絞りの旗指物、蝶の形をした鉄製の書見台は星野さん旧蔵のものであったし、普段遣いの伊万里の器も星野武雄伝来のものが多かった。洒落た仕覆に上等な箱、言われずとも星野さんの顔が浮かんでくる。「星野さんの持ってるものは、蕎麦猪口でも蕎麦猪口の値段じゃないのよ。だけど、持ってると必ず世の中の値段の方がそれについてくるから不思議よ」と白洲さんは語っていた。二人はいつも深夜、こんなものを見た、あんなものが欲しいなどというような電話を交わしていた模様だ。

たっぷりと張った胴に渦巻文を散らす。胸躍る意匠のこの徳利は、柳宗悦が星野から譲り受けたもの。
《伊万里染付鉄絵丸文徳利》 江戸時代（19世紀前半） 高17.3cm 日本民藝館

「いかにも星野好み」と筆者のいう吸坂手の皿。
《伊万里瑠璃鉄釉丸文皿》　江戸時代（1630〜50年代）　径14.4cm　北村美術館

伊万里に惚れた男たち◆星野武雄

粋な矢車の柄もまた、伊達男星野武雄にふさわしい。
《伊万里染付矢羽根文皿》　江戸時代（1630〜40年代）　径20.7cm　個人蔵

色絵の誕生と古九谷の不思議

解説・荒川正明

一七世紀なかばに、日本ではじめて色絵が焼かれた。
そのなかに古九谷の大皿がある。
その大胆不敵な意匠の源流を解きあかし、
加賀藩前田家との接点をさぐる。

Q　いったん焼き上げた白磁や染付の表面に色絵具で絵付をし（上絵付）、もう一度焼成した製品が色絵磁器ですが、日本における色絵の始まりについては柿右衛門の話が知られていますね。焼物商人の東嶋徳左衛門が長崎出入りの中国人に色絵の技術を教わり、それを泉山附近の窯で働く陶工、酒井田喜三右衛門（後の初代柿右衛門）に伝える。苦心のすえ色絵磁器の焼成に成功した喜三右衛門は、正保四年（一六四七）、その器を長崎に持参して、加賀藩前田家の買物師に売ったという。

荒川　柿右衛門が色絵を初めて焼いた窯は、有田東部の年木山にある楠木谷窯と考えられています。しかし、楠木谷の窯跡から出土する色絵の陶片より、有田西部の山辺田《やんべた》窯跡［8頁］から出土する色絵陶片のほうが古い技術でつくられていると判断されているのです。

Q　つまり色絵の創始者は柿右衛門ではない？

荒川　事実がどうであったかなかなか判断に苦しみますが、山辺田窯など有田西部地区でも柿右衛門とは別に早い段階から色絵を模索した可能性が高いと思います。

Q　山辺田の窯で最初に焼いた色絵はどんな製品だったのですか？

荒川　驚くべきことに、その主体をなしたのがいわゆる古九谷（肥前初期色絵）の大皿なのです。しかも五彩手と呼ばれる最上手の器［77頁／80頁上］。山辺田は一六〇〇年代に始まる窯で、陶器の唐津焼の後は初期伊万里の染付大皿［4頁／6〜7頁／56頁］などを焼いていたのですが、一六四〇年代になって色絵磁器の生産を始める。

Q　誰かが上絵付の技術を伝えたのですね？

荒川　それは中国人以外に考えられない。なぜなら朝鮮では色絵磁器を作っていませんからね。ただし、これは有田町歴史民俗資料館の村上伸之さんが強調していることですが、上絵付の技術は実はそんなに難しくない。もちろん試行錯誤はあったとしても、色絵具を付けて上絵窯で焼けばいいのだから。むしろ注目すべきは素地の変化です。同じ山辺田窯でも染付大皿（初期伊万里）と色絵大皿（古九谷五彩手）では、素地の成形技術がまったく異なります。たとえば高台径の大きさ。初期伊万里は小さく［35頁上］、古九谷は大きい［35頁下／86頁上］。素地の厚みも初期伊万里は分厚く、古九谷は白く薄くてシャープな感じです。この変化の意味するところは新技術の導入です。小さな高台と分厚い素地、これは唐津焼以来の朝鮮系の技術。いっぽう大きな高台と薄く上質な素地は明らかに、中国景

右頁：斬新な文様、鮮烈な色彩。古九谷の醍醐味は大皿にある。
《色絵菱畳地瓢箪文大皿》部分（全図は30頁）　江戸時代（1640〜50年代）　径35.8cm　大阪市立東洋陶磁美術館
左頁：《色絵波鳥文大皿》部分　江戸時代（1650年代）　径34.9cm　佐賀県立九州陶磁文化館

徳鎮窯系の技術なのです。

Q とすると一六四〇年代、中国人陶工が山辺田窯で働いていた？

荒川 そう。それも中国南部の福建省あたりの陶工ではなく、景徳鎮民窯出身のかなり腕のいい職人が来ていた可能性が考えられる。一六四〇年代は明末清初の混乱期でした。その戦乱に巻きこまれて職を失った陶工が、有田に流れてきたのではないか。

Q しかし、なぜ山辺田だったのでしょう？

荒川 その点については、窯に資金を提供したパトロン、たとえば加賀藩前田家などの関与があったのではないかと私は考えています。江戸後期以来、加賀の九谷産と見なされてきた古九谷の産地問題とも関係するので、少し詳しくお話ししましょう。

前田家の江戸屋敷跡は東京本郷にありますが、その発掘調査結果は実に興味深いものでした。一七世紀前半の遺構から出土する陶磁器を分析すると、たとえば尾張と水戸の徳川両家や伊達家など他の江戸屋敷に比べて、大皿の優品が多い。それらは景徳鎮窯や福建省の窯などの中国磁器、伊万里の染付、そして五彩手［84頁下］と青手の色絵大皿などです。「古染付」や「色絵祥瑞」、「黄地緑彩磁器」［81頁右下］など、景徳鎮窯の優品も目立ち、前田家の中国趣味がうかがえます。

そのころ江戸の大名屋敷において、径30〜40センチ級の大皿は、宴の場に欠かせない器でした。三代将軍家光の事蹟を描き、寛永期（一六二四〜四四）の江戸の様子を如実に伝える《江戸図屏風》には猪狩後に饗宴の準備をする場面がありますが［82〜83頁］、そこにも五枚の大皿が描かれている。当時、大名家の宴はたんなる遊興ではなく、他藩の要人やときには将軍を迎えて接待する、重要な外交の場でした。そうした宴を飾る器の主役となる大皿に、いかに優れた製品を揃えるか、来客の笑顔がほころぶような、あるいは度肝を抜くような大皿の名品は、外交上の武器にもなりえたはずです。そして江戸の大名屋敷のあいだで、そうした大皿づかいを流行させたのが前田家だったのではないか。

Q ただし中国磁器は一六四〇年代以降、明末清初の混乱のせいで輸入が途絶えますね。中国製の大皿が買えなくなり、前田家は困ったのでは？

荒川 そう。染付の大皿なら、すでに伊万里でも作っていたから代用がきく。しかし問題は色絵です。呉州赤絵［84頁上］のような派手な大皿はどこからも買えない。そこで前田家は……。

Q 山辺田で作らせた？

荒川 おそらく。

Q しかし、もう一度さっきの質問を繰返すと、なぜ山辺田だったのか？

荒川 先ほど、前田家の屋敷跡からは伊万里染付の大皿も多数出土すると話しましたね。一六三〇〜四〇年代の伊万里染付の大皿の多くは山辺田の製品です。つまり前田家は山辺田窯の大得意先だった。当然商人を介して注文品を作らせることもあったでしょう。しかも山辺田の窯は、鍋島藩が影響を及ぼす有田皿山の窯業地帯ではなく、そこから外れた西部にある。それゆえ前田家の意を受けた商人も、何かと動きやすかったのではないだろうか。

Q となると上絵付だけでなく、上質素地の成形技術を持った景徳鎮出身の陶工が山辺田窯に来たのも、偶然ではなく前田家のさしがねだった？

荒川 真相はわかりません。でもそのような背景を考えてみたくなる。なぜなら色絵磁器の生産は歩留りが悪く、経費も多大にかかる。ひとつの窯が自発的に取組むには、あまりに危険な事業です。かなりの資本力を持つパトロンがいなければ、たとえ技術があったとしても量産には踏み切れなかったと思う。そして消費地遺跡の出土例を見る限り、山辺田窯の色絵すなわち古九谷大皿が最も多く出土するのは、前田家の江戸屋敷なのです。

Q 資本が前田家から山辺田窯に投下されたとして、不思議なのは古九谷の作風です。中国製品の代りのはずなのに、明代後期の色絵磁器を写してはいない。

荒川 確かに丸写しではない。それでも五彩手の場合は、景徳鎮窯の芙蓉手スタイルや祥瑞スタイルを土台にして、それを換骨奪胎している。青手の場合は、福建省の華南三彩からの影響が濃いでしょう。しかし、前田家ではむしろこれまでにない斬新な色絵大皿を求めたのではないか。

Q 確かに五彩手にしても青手にしても、古九谷の大皿には息を呑むほどの迫力があります。これらの卓抜な意匠は、前田家の注文によるのですか？

荒川 難しい質問ですが、その可能性も考えてみたいですね。古九谷の意匠は五彩手と青手に大別できます。漢画系の絵画的な文様を描いているのが五彩手で、年代は一六四〇～五〇年代。器面を緑・黄の二彩で塗り埋めるのが青手で、年代は一六五〇年代です。

五彩手では、景徳鎮窯の明代後期のスタイルを参考にしながらも、そこに新たなデザイン性を加えている。文様をかたち作る力強い輪郭線は日本の御用絵師・狩野派などの絵師の参画が考えられるし、亀甲文や菱文を多用する幾何学的意匠には染織品からの影響も考えられる。一七世紀の染織の意匠は実に斬新で、まさに時世粧というべき存在で都市を華やかに彩っていました。

五彩手のなかで、見込の周囲に花唐草をびっしり描きこんだ作風を百花手《ひゃっかで》と呼びますが［80頁上］、あたかも花園か楽園の景色のような装飾は、そのころ珍重された中国漆器［80頁右下］や染織の更紗の意匠を取入れたものかもしれません。

青手大皿の醍醐味は何といってもその大胆なデザイン性です。しかも黄と緑の2色を基調とする明快な配色も見事。宴の場を飾るハレの器として、古九谷青手

五彩手の古九谷

古九谷大皿の意匠は五彩手と青手に大別できる。五彩手の特徴は、五色の絵具を使い器面に余白があること、見込に円や九角の窓を取るものが多いことなどだが、この皿のように見込の周囲にびっしりと花唐草を描いた器を、とくに百花手と呼ぶ。
《色絵山水花鳥文大皿》 江戸時代（1640〜50年代） 径39.7cm 佐賀県立九州陶磁文化館

絵付けのタッチや色使いが古九谷と似ている中国明末の色絵。古染付と同様に、景徳鎮民窯でおもに日本向けに生産されたこの手の色絵磁器を、天啓赤絵という。
《色絵群馬文皿》 明時代（17世紀前半） 径16.8cm
東京国立博物館 Image: TNM Image Archives
Source: http://TnmArchives.jp/

百花手の繁縟な文様は、当時日本で珍重された中国漆器の意匠を取入れたものかも知れない。
《堆黒八仙人文食籠》 明時代（16〜17世紀） 高23.2cm 出光美術館

青手の古九谷

青手の特徴は器全体を色絵具で塗りこめることと、大胆かつ大柄な文様構成である。
《色絵藤文大皿》 江戸時代（1650年代） 径39.5cm 個人蔵

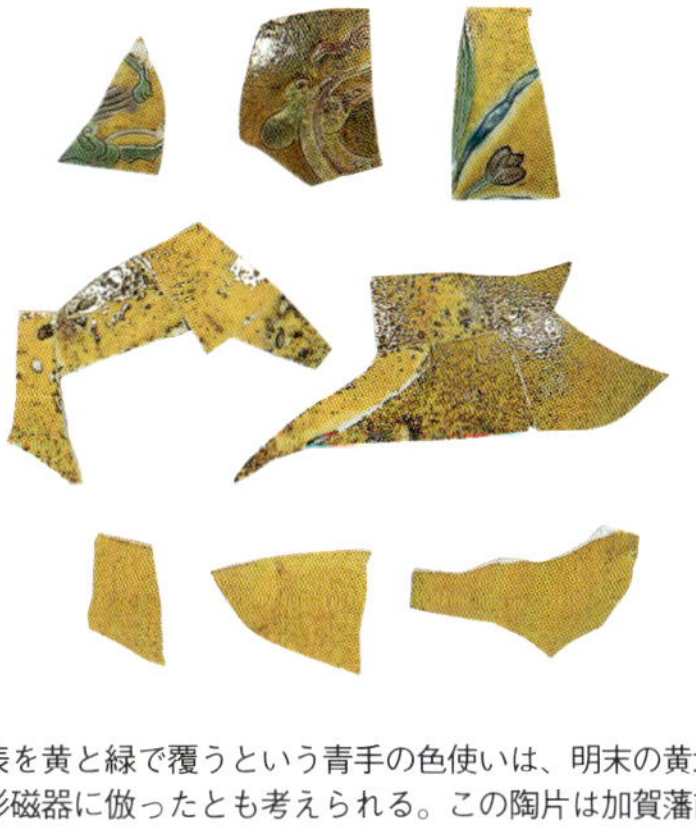

器表を黄と緑で覆うという青手の色使いは、明末の黄地緑彩磁器に倣ったとも考えられる。この陶片は加賀藩前田家の江戸屋敷跡から出土した。東京大学埋蔵文化財調査室

いっぽう青手の大胆な文様構成については、17世紀に都市で流行した小袖意匠ときわめて類似している。図版はいわゆる寛文小袖。
《紫綸子地菱文菊文様絞小袖》 江戸時代（17世紀半ば） 国立歴史民俗博物館

3
2
1

1

2

3

4
5

三代将軍家光の事蹟を描いた《江戸図屏風》の一場面。江戸近郊での猪狩の後、宴の準備をする様子で、染付など磁器製と見られる大皿が5枚描かれている。この時代、磁器の大皿は将軍や大名たちの宴に欠かせない器だった。
《江戸図屏風》 六曲一双の右隻部分 江戸時代（17世紀前半） 紙本金地着色 各162.5×366.0cm 国立歴史民俗博物館

明末に福建省で焼かれた量産の色絵磁器を呉州赤絵と呼ぶ。この手の大皿は前田家ほか大名家の江戸屋敷跡から出土しており、宴の器として使われたと思われる。

《色絵牡丹獅子文大皿》 明時代（17世紀前半） 径38.5cm 東京国立博物館 Image: TNM Image Archives Source: http://TnmArchives.jp/

前田家の江戸屋敷跡から出土した古九谷大皿の陶片。古九谷の大皿は前田家屋敷跡からの出土が目立つ。東京大学埋蔵文化財調査室

色絵大皿の使い道

の大皿ほどふさわしいものはないでしょう。黄や緑で塗りこめた地に大柄な文様を置くという構図は、一七世紀後半に流行した寛文小袖［81頁左下］と共通するもので、強い生命力と傾《かぶ》いた印象を見る者に強く与える。黄と緑という鮮烈な色づかいは、前田家屋敷跡からも出土する中国・福建省の華南三彩や景徳鎮窯の黄地緑彩磁器などを手本にしたのだと思いますが、それだけでなくやはりハレの場を飾る金屏風の、金箔と緑青を基調とする配色にも倣っているのではないでしょうか。

Q　**前田家以外にも古九谷大皿は流通していたのですか？**

荒川　ええ。ただし出土状況を見る限り、最上手の五彩手大皿は前田家からしか出ません。青手は他藩の江戸屋敷からも出土していますが。いずれにしても古九谷の大皿は注文による少量生産で、ごく限られた地域、階層にしか流通していなかったようです。

Q　**加賀の九谷古窯跡からも、五彩手と青手の陶片が出土していますね？**

荒川　近年の発掘調査の際にも、窯跡の東隣、工房跡と思われる遺跡から青手の陶片［86頁左下］が若干出土しています。今回はずっと有田産の古九谷（初期色絵）について語ってきましたが、素地の質が異なるとはいえ加賀でも実際に陶片が出ているわけですから、九谷窯産の色絵があったことは確かです。しかし出土品以外の資料、つまり九谷産と見なしうる色絵の伝世品が確定できていない。

Q　**九谷古窯の操業年代は？**

荒川　おそらく明暦年間（一六五五～五八）から一〇年ほどか。前田家の江戸屋敷からさえ九谷産の製品がほとんど出土しないことを思えば、窯業地として成功したとはいいがたいでしょう。

Q　**なぜ前田家は初めから九谷の地に窯を築かなかったのですか？　技術の情報も握っていたし、資本力もあったのに。**

荒川　いくら資本があるとはいえ、無尽蔵ではないでしょうからね。雪深い加賀の地に一から窯を築くよりも、技術の蓄積がある有田の窯に焼かせたほうが話は早いし経費もかからない。

　後に九谷に開窯した理由はよくわかりません。ただ、九谷古窯の操業時期は有田の山辺田窯の衰退期に重なります。大皿発注生産の拠点を失いつつあった前田家が、代わりに山辺田窯の陶工を引き抜き地元での生産を試みたとしても不思議ではない。有田で古九谷スタイルの大皿を焼いていたのは一六五〇年代くらいまでで、以後は楠木谷窯の技術を受け継いだ柿右衛門様式［31頁上］や、藩の御用窯で生産した鍋島様式［30頁下］のように、繊細優美な中・小の器が主流となってゆく。一七世紀後半には大名屋敷における饗宴の機会が減少したといいます。つまり大皿の時代の終りとともに、古九谷の時代も終ったのです。

上：五彩手大皿［76頁の作品の底面］。
下：青手大皿［81頁上の作品の底面］。
ともに山辺田窯の製品。五彩手よりも青手の生産のほうが遅く始まるのだが、素地の質は落ちている。おそらく五彩手と青手とでは、担当する陶工が違ったのだろう。

九谷出土の古九谷陶片

九谷古窯跡附近で見つかった青手の陶片。石川県埋蔵文化財センター

有田出土の古九谷陶片

山辺田窯跡で発掘された青手大皿の陶片。有田町歴史民俗資料館

山辺田窯に続いて色絵磁器を焼き始めた楠木谷窯の製品。山辺田は大皿中心、楠木谷は中小の皿といった器種の違いとともに、楠木谷では素焼を行なうなど技術の差もあり、以後の有田の窯は楠木谷系の技術を受け継いでゆく。高台内に「承應弐歳」（1653年）の銘がある。
《色絵柘榴文輪花皿》 江戸時代（1650年代） 径22.0cm 出光美術館

《色絵双蝶文大皿》部分（全図は目次頁） 江戸時代（1650〜60年代） 径42.3cm 個人蔵

鍋島・柿右衛門の美

―寛文デザインの魅力に触れる―

伊万里磁器の金字塔と呼ぶべき柿右衛門、鍋島。その洗練された技術、デザイン、美意識は、じつは十七世紀後期「寛文スタイル」にその根幹があった。

文・荒川正明

注目すべき成果が次々に報告されている近年の伊万里磁器研究のなかで、とくに美術史的な視点から注目したいのが、十七世紀の寛文時代（一六六一～七三）頃に達成された、器形や文様全般におよぶ作風のニューウェーブに関してである。それは四百年におよぶ肥前窯の歴史のなかでも特筆すべきことで、まさに「デザイン革命」といっても過言ではない内容であった。

この「デザイン革命」を支えていたのが、じつは飛躍的な窯業技術の革新である。つまり、十七世紀初期には伝えられていた朝鮮系の技術体系に加えて、十七世紀中期には中国系の技術が直接導入され（景徳鎮陶工が実際に参画した可能性あり）、うつわの隅々まで緊張感に満ち、白さが際立つ高品質の素地が完成した。これによって伊万里磁器が、世界最高の品質を誇る景徳鎮磁器を視界に入れるほど、高いレベルに到達したのである。「染付雪景文千鳥形皿」（図1）は、こうしてレベルアップした伊万里磁器の秀作である。かたちに優美さや繊細さが加わり、コバルトによる藍彩はそれまでにない微妙な濃淡を表現している。もはや中国スタイルの写しではない、しっとりとした和様の美をうたい上げる作品がここに誕生している。

図1
《染付雪景文千鳥形皿》　江戸時代（17世紀中期）　径13.7×17.8cm　静嘉堂文庫美術館

このような優雅な伊万里磁器が、江戸という新生の都市で大きな屋敷を構えた新興大名たちに、瞬く間に浸透していった。彼らは客人を屋敷に迎えての豪奢な宴に備えて、こぞって魅力的な伊万里磁器を揃えていく。その様子は、近年発掘調査された加賀藩前田家屋敷跡（東京大学本郷キャンパス医学部附属病院中央診療棟地点Ｌ32―1）や、仙台藩伊達家屋敷跡（2号土坑・明暦大火遺物）の出土遺物などで明らかである。

一方で、京都の公家たちも十七世紀中期以降に年頭や八朔、歳暮の贈答品などに伊万里磁器を使うようになり、富裕層の宴席を彩る什器として急速に取り入れられていた。その状況は、京都御所内の公家屋敷跡の発掘調査（平安京左京北辺四坊・公家町　G区穴蔵G749など）などの出土遺物が雄弁に語っている。

こうして、一六五〇年代以降の肥前窯はすでに工場制手工業とでもいうべき巨大産業になり、広く海外を相手にするグ

図2
《色絵草花鶴文輪花皿》　江戸時代（1670〜90年代）　径25.0cm　佐賀県立九州陶磁文化館

ローバルな活動を展開していった。「デザイン革命」を達成し、江戸や京都で新たな大口の顧客を開拓した肥前窯には、資本がどんどん流入して一層技術革新が進み、腕のいい職人や優れたセンスの絵付け師（デザイナー）が集結していったと判断される。そして、都市のモードの先端を行く魅力的な磁器スタイルが、次々に誕生していくという好循環を生んだのであった。

なかでも、十七世紀後期に盛期をむかえた「柿右衛門」と「鍋島」は、こんな理想的な環境のもとで洗練された磁器スタイルで、まさに伊万里磁器の金字塔と呼ぶにふさわしい。

このうち「柿右衛門」は、延宝年間（一六七三〜八一）にはすでに完成をみており、世界の檜舞台で高い評価を得た日本最初のやきものとなった。

「柿右衛門」の最大の特徴は、うつわの隅々まで透徹した美意識で包み込み、かたち・素地・色絵など様々な要素で洗練

図3
狩野探幽筆　《芦鷺瀑辺松樹図》　名古屋城上洛殿三之間襖（部分）　名古屋城管理事務所

を極めた点にある（図2）。とくに、牛乳を凝固させたような柔らかく温かみのある「濁手」の素地は、景徳鎮窯の澄んだ調子の白磁とは一線を画すもので、日本の湿潤な風土を体現したような温かみと柔らかみを感じさせる。その素地の上に、繊細なタッチでこの上なく優雅な絵模様が展開するのである。

十七世紀末期から十八世紀初期、西欧の王侯貴族たちは、その美意識に適った肥前磁器、とくにその美の結晶というべき「柿右衛門」の色絵磁器の蒐集に取り憑かれ、ポースレン・キャビネット（磁器の間）と呼ばれる華麗な部屋を構えていた。

この「柿右衛門」を讃える言葉として、しばしば「余白の美」がある。ただし、余白をたっぷりととった構図は、どうやら西欧よりの注文で完成させたスタイルではなく、日本の江戸時代前期の時代様式と考えた方が妥当であるようだ。

その時代様式をリードした代表的な人

図4
《染付月兎文皿》表面と裏面
江戸時代（1690〜1760年代） 径14.8／13.8cm 今右衛門古陶磁美術館

物に、江戸の絵師・狩野探幽（一六〇二～七四）がいる。この江戸狩野の総師であった狩野探幽の画風の最大の魅力も、じつは「余白の美」にあったとされる（図3）。探幽は、何も描いていない部分、つまり本来は空虚であるはずの余白に詩情を込め、空間の美しさを出現させた。この探幽の画風と「柿右衛門」には、何か共鳴する美意識が感じられてならない。両者の優雅な意匠世界には、私たち現代人までもが深く魅了されているのである。

　さて、一方の「鍋島」であるが、こちらは佐賀藩鍋島家が徳川将軍家などへの献上品として、特別にあつらえた高級磁器である。このような歴史的背景から、当然のように民間の有田民窯とは異なるデザインや技術が求められ、そして創造されたのである。

　一六五〇年代には、有田皿山から隔離された大川内山で「鍋島」スタイルが模索され、特有の優雅で品格漂う様式が確立される。中国・景徳鎮窯の皇帝用の磁器を焼成した「官窯」に倣って、大川内山の鍋島藩窯は、「日本の官窯」とも呼ばれている。

　幸いなことに、「鍋島」の皿一枚を掌に載せるだけでも、私たちはその皿が生まれた時代の息吹を感じることが出来る。それこそが、直に触れることが許される工芸という芸術の醍醐味でもあろう。

　三百年ほど前につくられた「鍋島」の五寸皿（図4）を手にするだけで、その時代の洗練された美意識、そしてそこに込められた深い知性を認識することができる。

　皿の表には後ろを振り向く愛らしいウサギが一匹、藍色の呉須で描かれている。ウサギは見事に円のなかに収まるようにデザインされている。余分なものはすべて剝ぎとられ、じつに明快でシンプルな構図である。ウサギの後ろに付けられた鍔状の白い余白は、月（三日月）と解釈できるであろう。つまり「月兎」の意匠を構成しているのである。日本では古くからウサギが月で餅をつくと言われ、ウサギは月の精でありめでたい瑞兆とされてきた。

　ウサギを細かく観察すると、体毛が緻密で繊細なタッチで描かれており、これを描いた絵付け師の並外れた能力の高さに、ともかく度肝を抜かれる。さらに文様の上から塗られた、ダミ染めによる藍色の濃淡の表現も絶妙である。コバルト顔料による藍色は熱によって釉や素地とも融け合い、まるで海中を覗くような深みを感じることができる。さらに、ロクロで成形した後、型打ちによりウサギの体の丸みやふくらみが立体的に表現されている。

　ここまで研ぎ澄まされた表現が、なぜこの時代に要求されたのであろうか。おそらく、それは先ほども触れたように、鍋島家から徳川将軍家への献上品として、藩の威信をかけての逸品制作だったからに違いあるまい。

　さて、さらにこの皿の裏をひっくり返

図6
《染付波兎文小皿》 江戸時代（1650〜60年代） 径15.1cm
佐賀県立九州陶磁文化館　柴田夫妻コレクション

図5
『新撰御ひいながた』翻刻本より、「月に波兎」図案。

図7
《青磁銹釉染付流水二壺文大皿》 江戸時代
（1700〜30年代） 径30.0cm 個人蔵

図8
《瓶垂れ模様小袖》 江戸時代 株式会社千總
（京都書院美術双書 日本の染織4『小袖』
1993年より）

してみよう。すると、外側面には波濤文が見えてくる。つまり、表と合わせて「月に波兎」の意匠にもなっているのだ。「波兎」は謡曲「竹生島」を題材に、とくに近世初期に流行した。竹生島は琵琶湖の北部に位置し、古来より神の棲む島といわれ、謡曲「竹生島」における「波兎」は、「緑樹影沈んで　魚木に登る気色あり　月海上に浮かんでは　兎も波を奔るか　面白の島の景色や」（木々の影が湖畔に映って、魚たちがまるで木を登っているかのようだ。さらに、月明かりでできた波間の道をウサギが奔けて行く。なんという不思議な島の景色よ）と詠んでいる。つまり、この美しい皿は、「月に波兎」という文学的なダブルイメージをもった文様意匠でもあったのだ。

　じつは、この「月に波兎」のモチーフは十七世紀の中頃には大流行していた。寛文七年（一六六七）刊の『新撰御ひいながた』にも、「月に波兎」の図案が見て取れる（図5）。『新撰御ひいながた』は雛形本とよばれる、江戸時代のファッションブック的な存在であった。見る側の意表を突くような、この湾曲した曲線を生かした奇抜な意匠は、まさに傾いた当時の精神性を表すもので、派手で目立ちたがりやの傾き者や遊女に好まれたという。

　背面左肩から右裾へ向かって円弧を描くように表される構図や、あるいは右肩を起点に左肩および右裾方向へ展開する図様もある。いずれも大柄なモチーフを動的に描いたダイナミックなデザインとなっている。このように湾曲した構図をとるデザインは、いかにもモチーフが旋回するかのような動的な印象を与え、ウサギを生き生きと描写するのに功を奏している。この雛形本に見える「月に波兎」に近い意匠としては、一六五〇〜六〇年代の「染付波兎文小皿」（図6）が挙げられる。モチーフをできるかぎり絞り込み、皿の上部に広々とした余白をもって、雲間に月、波間を走るウサギが描かれている。

　このような寛文時代頃に流行したデザインを、一層洗練させたのが「染付月兎文皿」（図4）であった。このように構図の点から見ると、「鍋島」にはほぼ一貫して、このような寛文スタイルの伝統が色濃く認められるのである。

　例えば、「青磁銹釉染付流二壺文大皿」（図7）は十八世紀初頭の「鍋島」の尺皿（径三〇㎝）である。二つの大きな甕から液体が滔々と流れ、流水をつくるという奇抜で楽しいデザインである。この画題は、液体をいくら注げども満ちることはなく、かついくら酌めども尽きることはないという、中国の老荘思想の伝説的な壺の逸話から取材したものであろう。色彩の点でも、青磁と鉄釉という二色の絶妙な対比、そして余白の部分にほどこされた呉須の藍色がじつに瑞々しい。

　この皿を眺める時、すぐさま思い起こされるのが、いわゆる寛文小袖の「瓶垂れ模様小袖」（図8）である。右肩の部分には逆さにした甕が描かれ、その甕からは液体が裾に向かって蕩々と流れ出している。なんとも突飛な、そして爽快なデザインであることか。この小袖と鍋島の水甕文の皿、それぞれが響き合い共鳴し合うデザインなのである。

まさにこの両者に共通する感覚を一言でいうならば、「傾く」ということになるだろう。見る者の意表を突き、「ひとつ驚かしてやろう」としてわくわくしながら構想を練るデザイナーの姿が彷彿してくる。

このような粋な寛文スタイルは、当時のモードとして広く社会の中で流行していた。元禄期に活躍した当代一流の尾形光琳の絵画にも、染織デザインに共通した構図がある。たとえば、「紅白梅図屛風」（MOA美術館蔵）にも認められるのである。

「鍋島」は十七世紀後期以降も、明快なモチーフの配置や湾曲構図というデザイン性を堅持していく。その在り方は、時代に合わせてスタイルを刻々と変貌させていった肥前磁器一般の様相と、鮮明な違いを見せている。つまり、寛文スタイルという古風な作風を貫き通したところに、まさに鍋島藩窯の「鍋島」に込めた揺るぎなき威信の強さを感じざるを得ないのである。

このように、十七世紀という江戸時代前期の百年間は、伊万里磁器において、いや日本のやきもの史において、〝奇跡の時代〟と呼ぶにふさわしい時代であった。とくに十七世紀後期は伊万里磁器は世界最高水準のトップブランドにのし上がり、国内においては漆器などの木の素材が担ってきた什器文化の主役の地位を、陶磁器が奪取していく時代の始まりでもあった。

また、日本美術史上においても十七世紀後半のやきものの評価は高い。この時期、最も旺盛な創造意欲を示したのは絵画ではなく工芸であり、とくにやきものであったと、美術史家の辻惟雄氏は記している（『17・18世紀の美術』岩波書店１９９１）。それはおそらく、絵画の世界では十六世紀後期から十七世紀前期に狩野派、長谷川派、宗達派などが隆盛を誇ったものの、十七世紀後期には突出した画風や個性の存在は指摘できず、再び活況を呈するのは十七世紀末期に浮世絵の菱川師宣や琳派の尾形光琳が登場するのを待たねばならないからであろう。

一方、やきものの分野では、肥前窯は新しい素材である磁器を獲得して技術革新を進め、「初期伊万里」から「古九谷」、そして「柿右衛門」や「鍋島」、さらには十七世紀末期には「古伊万里金襴手」と魅力あふれるスタイルが次々に興隆していった。

その基盤をつくったのが、十七世紀中期の肥前窯における「デザイン革命」であり、それを支えたのが画期的な技術革新であった。

伊万里　私の楽しみ方

文・編集部

鑑賞用の名品には手が届かないけれど、すっと手になじむ、
自分だけの伊万里を楽しみたいと思うことはありませんか?
毎日の食器として、酒器として、使いたい、手許におきたい……。
上手に伊万里と付き合っている
青柳恵介さん、森田直さんの〝コレクション〟を
こっそり見せていただきました。

青柳恵介さんの〈くらわんか〉
真っ白じゃない
白の〝味〟

上：枡文のなます皿5客。文化文政ころのくらわんか。珍しい文様が気に入っている。径14.0　高3.5cm
右：周りに散らされた花々が可愛らしい皿。径13.5　高3.0cm
左：少し大ぶりの鉢。扇文。径19.0　高5.0cm

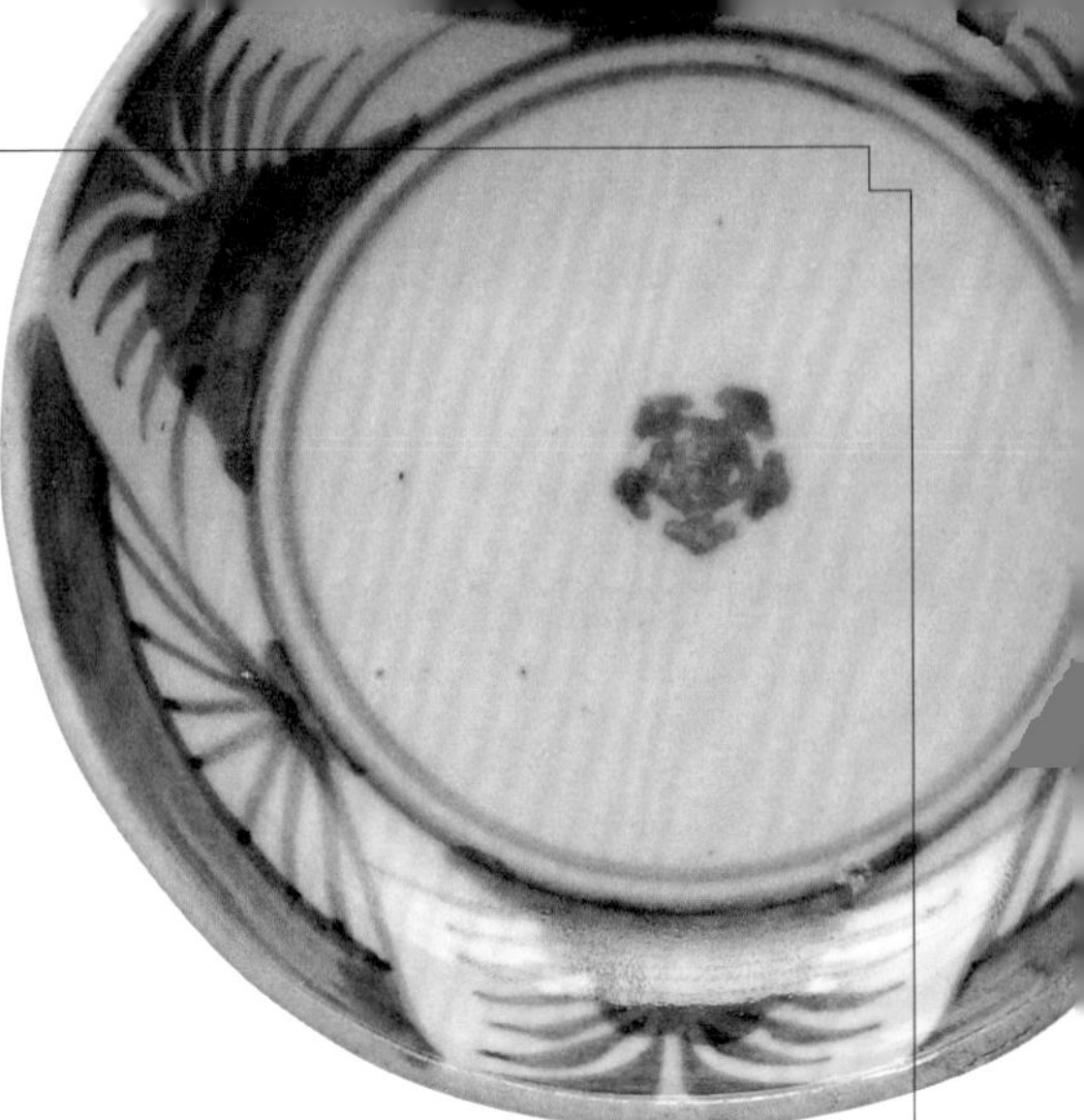

上：扇文の小皿。径10.5　高2.0cm
下：青柳さんがぐい呑みとして毎日愛用している「のぞき」。元は煙草盆の中の「灰吹き」だったとか。

よろけ縞の「ころ茶碗」。よろけ縞は青柳さんの好みの柄の一つ。径6.8　高5.5cm

「くらわんか茶碗」とか「くらわんか碗」とかいわれているうつわ、ご存じでしょうか。ぽってりと厚く、器面の色はくすんでいて、文様の具合もなんとなくぼんやりとしている……。

くらわんかは、江戸中期から幕末にかけて、おもに有田周辺の波佐見などの窯で作られていた厚手の染付のうつわのこと。大坂は枚方の淀川の船着場で、この手のうつわに入れた酒食を売る商人たちが、「飯くらわんか〜」「酒くらわんか〜」と船客たちに呼びかけたことから、こう呼ばれるようになったらしい。

厳密な定義はないけれど、このわれら庶民の使っていた碗や皿は、肥前で焼かれた磁器ととらえれば、「伊万里」の仲間といっていいわけだ。

「いわば、上手の鑑賞陶磁器に対して、もっとも下手なうつわ、ですね」と古美術評論家の青柳恵介さん。青柳さんは、この〝下手〟なくらわんかを愛してやまないようだ。旅先の骨董屋さんや立ち寄った骨董市などで、ちょっと珍しい柄や大きさのくらわんかなどに出くわすと、

蝙蝠のような鳥が飛んでいるようにも見える柄の小皿2枚。径8.5　高2.0cm

どうしても手が伸びて離せなくなる。そうした結果がこのたび写真で紹介する大皿、小皿、なます皿、ころ茶碗などの数々。青柳さんのみならず、骨董好きにとっては、かなり人気のアイテムなのだという。

どこがいいのでしょう?

「磁器なのに、真っ白じゃない白の〝味〟がいいんですよね。やわらかさがあるでしょう。それにとても頑丈だし、手取りもずっしりしている。文様だって、速筆の勢い、というのでしょうか、こなれた絵の良さがありますね」

窯の中で重ね焼きされるから、表面には丸く釉のかかっていない部分も出てしまう。量産されるうつわの宿命だが、そういうところも逆に〝味〟となる。

「たとえば食卓では、唐津や志野、織部といった土もののやきものと、地肌の白い、あるいは赤絵の伊万里は合わないでしょう。でも、くらわんかなら合うんですよ」

「ほらこれ、粉引き徳利とも相性がいいんですよ」と、ぐい呑みに愛用している小ぶりのくらわんかを手に取った。

そうですね。やっぱりお酒がおいしくなるのが、一番ですね。

上：草文の大きめの皿。径20.0　高4.0cm
右：染付の青が清々しいなます皿。熨斗の文様ではないかと青柳さん。径14.5　高4.5cm

森田直さんの〈蕎麦猪口〉

自分の手になじむ大きさ、重さ

＊105～109頁の蕎麦猪口は、どれも江戸時代（18世紀半ばごろ）の作。

上：柳の下に、ふくらんだ蝦蟇蛙がちょこん。なんとも愛らしい珍しい文様だ。径7.5　高5.5cm
下：笠をかぶって筍掘り。おじさんのゆるい表情と体型に惹かれてしまう。径7.0　高5.0cm

東京・港区の表参道、その名も「骨董通り」に骨董店を営んで三十九年。森田直さんの「古民藝もりた」は、日本や朝鮮、東南アジア、アフリカの布や木の道具類を主に扱う店で、主人夫妻の気さくな性格とあたたかみのある雰囲気が、多くのファンを惹きつけている。高級古美術専門店の居並ぶ骨董通りのなかでも、ふと気楽に立ち寄ってみたくなる、稀有な店だ。

「そもそも木のものが好きでこの道に入ったんです」という森田さん。始まりはやきものなんて頭になかったという。ところが「やきものをやらない骨董屋なんてないぞ」と周りからも言われ、よし、それじゃあまず蕎麦猪口でもやろうかなと、関西方面に買い付けに通った。

「開店の二、三年前のこと。当時は伊万里の蕎麦猪口、一つ三百円くらいでした。十個十五個の揃いで出ることも珍しくなかったです」

そうして集めた蕎麦猪口の数々を、開店したばかりの店内の両側に棚を作って置いてみたのが、けっこう流行った。「当時は安いものでしたしね」

ところがバブル時代になって伊万里人気が高騰し、値段は跳ね上がってしまった。「もう手に負えない」ので、森田さんはしばらく伊万里から離れていた。

1 熨斗に玉という吉祥文。径7.5　高5.0cm
2 檜垣に花。径7.5　高6.0cm
3 山に可憐な花々。径6.5　高5.5cm
4 清らかなる山水風景。径7.5　高5.5cm
5 何の花かは不明だが、伸びやかで気持ちいい。径6.5　高6.0cm
6 注連縄に草の葉文。径7.3　高6.0cm
7 柳がさわやか。裏側には花。径6.5　高5.5cm
8 お行儀よく並んだ小さな花々。径7.5　高5.8cm
9「寿」文字が3つ。お正月などにこれで一杯。径6.0　高5.0cm

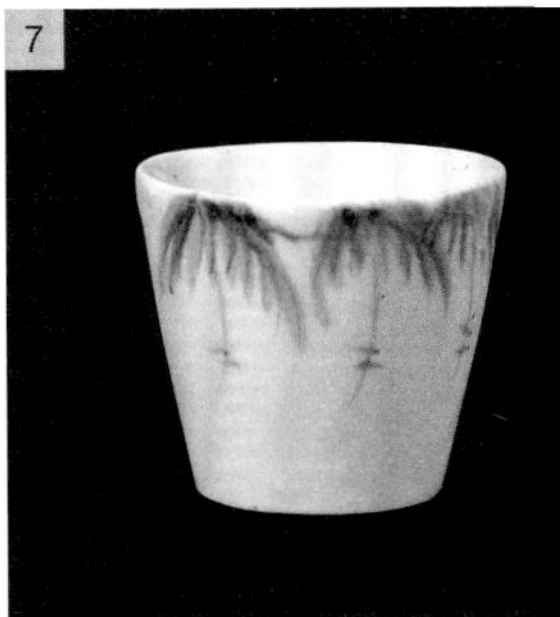

7

8

9

「大きなものや値の張るものは、扱いにくいですよ。ふだんに使えて、掌中に収まるようなもの。そういうものが僕はやっぱり好きですね」

それからまた時を経て、伊万里人気は下火となり、いまは値が落ち着いているとか。そんなこととは関係なく、森田さんが好きでずっと手許に置いているという蕎麦猪口の数々を見せてもらった。「熨斗に玉」「寿」「注連縄」のようなおめでたい図柄のもの。くっきりした輪線や幾何学文様のもの。ぷっくり太った蝦蟇《がま》蛙がひょうきんな、楽しい模様のものも。「図柄は愛らしいものがいいですねえ」と森田さん、目を細める。

私たちが蕎麦猪口を探す場合、もちろん図柄は重要なファクター。好みの文様であるのが第一だけれど、器の形、大きさ、重さなど、考えるべき点はほかにもある。「やっぱり手にとって、口に持っていきたくなるものが一番です。毎夜これで焼酎を飲もう、となったら、手取りがいいというか、自分の手になじむ大きさ、重さが大切ですね。指のつかみ加減も」と森田さんはにこにこする。「同じ大きさのものでも、僕の場合、ちょっと底に厚みがあって持ち重りのするのが、たまらないです」

1 表も裏も、渦巻き文に兎。不思議な図柄。径7.8　高6.3cm
2 大根を引くネズミ、「大根鼠」の文様。径8.0　高6.0cm
3 コンニャク判で菊と蘭。少し小ぶり。径7.0　高5.5cm
4 蘭の花が三面に描かれる。径7.5　高6.0cm
5 輪線文様。径7.5　高5.8cm
6 菊花は判で、そのほかは手描きの文様。径7.3　高5.5cm
7 桜、満開！　径7.3　高5.5cm

8 コンニャク判の蕪。径7.0　高6.0cm
9 小粋な幾何学文。径6.0　高5.0cm
10 月のような丸文が4つ。小ぶりで背が高くて持ちやすい。径6.5　高6.5cm
11 濃い呉須で大柄な花が堂々と。径6.5　高5.5cm
12 清々とした朝顔文。径7.5　高5.5cm
13 花文様で埋め尽くされた愛らしい一品。径7.0　高5.0cm
14 表に海老、裏の口辺には入れ子になった3つの升、三升。つまりは歌舞伎の海老蔵をあらわした蕎麦猪口。径7.0　高5.5cm

伊万里に出会える美術館案内

◆大阪市立東洋陶磁美術館
大阪市北区中之島 1-1-26

電話 06-6223-0055

9時30分〜17時　月曜・祝日の翌日休館

安宅コレクションをはじめ、東洋陶磁の優品を幅広く収集・展示する。色絵菱畳地瓢箪文大皿（本書30・76頁）、初期伊万里の染付花実文皿などが見どころ。

◆大和文華館
奈良市学園南 1-11-6

電話 0742-45-0544

10時〜17時　月曜休館

日本、中国、朝鮮を主とする東洋の絵画、書蹟、彫刻、陶磁、漆工、染織などの美術工芸品を蒐集する。初期伊万里の代表作、染付山水文大皿（本書6〜7頁）を所蔵。

◆サンリツ服部美術館
長野県諏訪市湖岸通り 2-1-1

電話 0266-57-3311

9時〜17時　月曜休館

主に服部正次、服部一郎親子が収集した茶道具、古書画、陶磁器、西洋近代絵画など約600点を収蔵。正次の義父で茶人の塩原又策旧蔵の古九谷などの名品も蔵している。

◆出光美術館
東京都千代田区丸の内 3-1-1　帝劇ビル9階

電話 03-5777-8600（ハローダイヤル）

10時〜17時（金曜は19時まで）

月曜休館

日本の書画や中国・日本の陶磁器、洋画まで、1万5000点に及ぶ幅広いコレクションが特徴。初期伊万里、柿右衛門、鍋島、古九谷の名品のほか、陶片を集めた日本初の本格的な展示室も見どころ。

◆佐賀県立九州陶磁文化館
佐賀県西松浦郡有田町戸杓乙 3100-1

電話 0955-43-3681

9時〜17時　月曜休館

肥前の陶磁器、九州各地の陶磁器を収集、保存、展示する、九州の陶磁器文化に関する拠点としての施設。17、18世紀の古伊万里の代表的作品1万点余を蔵する柴田明彦・祐子夫妻によるコレクションも見逃せない。

◆有田陶磁美術館
佐賀県西松浦郡有田町大樽 1-4-2

電話 0955-42-3372

9時〜16時30分　月曜休館

有田町立の陶磁器専門の美術館。明治時代の石造倉庫を改造した建物に、初期伊万里から色鍋島や柿右衛門、古伊万里が時代を追って紹介されている。

◆今右衛門古陶磁美術館
佐賀県西松浦郡有田町赤絵町 2-1-11

電話 0955-42-5550

9時30分〜16時30分　月曜休館

第11代、12代、13代今右衛門によって資料参考品として蒐集された鍋島や古伊万里の優品を一般公開。初期伊万里や輸出伊万里、鍋島、歴代今右衛門作品のほか、今右衛門家に代々伝わる制作道具や古陶磁片なども所蔵。

◆田中丸コレクション
福岡玉屋百貨店経営者の田中丸善八が生涯かけて蒐集した九州古陶磁コレクション。400点を超える唐津、古伊万里、鍋島、柿右衛門の名品が体系的に揃う。

現在、九州国立博物館に207点、福岡市美術館に203点を寄託している。

＊初期伊万里、鍋島、柿右衛門、金襴手など伊万里の逸品を収蔵、鑑賞できる代表的な美術館を順不同で紹介しています。ただし、伊万里を常時展示しているとは限らないので、必ず各美術館に事前にご確認のうえ、お出かけください。また、各美術館とも展示替えなどで休館となる期間があります。事前にお確かめください。

◆日本民藝館
東京都目黒区駒場 4-3-33
電話 03-3467-4527
10 時～ 17 時　月曜休館
日本および諸外国の陶磁器、染織、木・漆工、絵画、金工、石工、竹工、紙工、彫刻など、「民衆的工藝品」に美の基準をおいて柳宗悦が蒐集した約 1 万 7000 点を蔵する。伊万里の逸品は数々の染付猪口など。

◆北村美術館
京都市上京区河原町今出川下ル 1 筋目東入梶井町
電話 075-256-0637
10 時～ 16 時　年 2 回（春 3 月中旬～ 6 月上旬、秋9月中旬～12月上旬の特別展時）のみの開館で、月曜・祝日の翌日休館
実業家で茶人だった北村謹次郎が蒐集した茶道具、古美術を所蔵・展示。伊万里瑠璃鉄釉丸文皿（本書 73 頁）を収蔵。

◆ MOA 美術館
静岡県熱海市桃山町 26-2
電話 0557-84-2511
9 時 30 分～ 16 時 30 分　木曜休館
日本・中国の書画、陶磁器、金工、漆工、彫刻などを収蔵する。鍋島、柿右衛門、古九谷、色絵など伊万里も名品が多い。

◆松岡美術館
東京都港区白金台 5-12-6
電話 03-5449-0251
10 時～ 17 時　月曜休館
古代オリエント美術からヨーロッパ近代絵画・彫刻、中国を中心とした東洋陶磁、書画まで、実業家で数奇者だった松岡清次郎による幅広いコレクション。2 階の東洋陶磁室で伊万里の名品を堪能できる。

◆サントリー美術館
東京都港区赤坂 9-7-4
東京ミッドタウン ガーデンサイド
電話 03-3479-8600
10 時～ 18 時（日・月・祝日）・
10 時～ 20 時（水～土）　火曜休館
絵画、陶磁、漆工、ガラス、染織など日本人の生活の中から生まれた美術品を主体に、総数 3000 件を収蔵。幅広く層の厚い美術コレクションとして名高い。青磁染付葦鷺文四方皿（本書 49 頁）など伊万里、鍋島、古九谷も充実。

◆静嘉堂文庫美術館
東京都世田谷区岡本 2-23-1
電話 03-3700-0007
10 時～ 16 時 30 分　月曜休館
岩崎彌之助・小彌太の父子二代によって蒐集された、国宝 7 点を含む約 5000 点の東洋古美術品と約 20 万冊の古典籍を収蔵。優品揃いの金襴手の色絵磁器をはじめ、鍋島、柿右衛門、古九谷、染付など多彩な肥前磁器コレクションも充実している。

◆戸栗美術館
東京都渋谷区松濤 1-11-3
電話 03-3465-0070
9 時 30 分～ 17 時 30 分　月曜休館
日本、中国、朝鮮の陶磁器を中心に、東洋の古書画なども含め約 7000 点を所蔵する。初期伊万里、古九谷、鍋島、柿右衛門、金襴手と各様式ともに優品を蔵し、伊万里に関する企画展も多彩に行なっている。

特別紀行

鶴岡へ、伊万里を買いに。

文・青柳恵介

かつて日本海を行き交った北前船は、はるばる九州から各地へ伊万里を運んだ。米どころ庄内におろされた伊万里は、人々の暮らしのなかで働き、旧家の蔵を潤し、いまに多く残されている。城下町鶴岡には「骨董屋さんらしい骨董屋さん」も健在だ。よし、鶴岡へ伊万里を探しに行こう。

筆者が以前に鶴岡を訪れた際に、「加賀屋」で求めた伊万里の皿。中央の文様が「熨し」に見えてきたのは、帰宅してからのことだった。径22.0　高2.5cm。

山形県鶴岡市の骨董店「加賀屋」を再訪した筆者。店内に並ぶ赤絵の皿や染付の碗などの「宝の山」を目にしたとたん、心が躍る。

横顔の良い店主がいた町へ

一年前、出羽三山を廻る旅をした際、庄内の鶴岡で嬉しい買物をした。欣喜雀躍とか、小踊りするような買物ではなく、普段使いに手頃な江戸中期の伊万里の皿一枚を手に入れただけのことだったが、何とはなしに心温まる買物であった。

最近、地方を旅して骨董屋をのぞいても、旅情を感じさせる道具屋さんがめっきり少なくなった。品揃えも、ものの値段も東京と横並び、個性のないことおび

1「加賀屋」主人の斎藤文夫さんと話す筆者。手にしている赤絵の楕円の大皿はパスタを盛ってもいい。1枚7000円。小皿は5枚で1万円など。**2** 染付のなます皿も面白い柄が多い。5枚で2万5000円など。**3** 伊万里の食器類が所狭しと並ぶ店内。筆者は隅に置かれていたくらわんかのなます皿（127頁上）をいち早く見つけて買い求め、すっかりご満悦になった。

加賀屋

ただしく、気張って商売してまっせという気負いばかりを感じさせる店か、店での商売は放ったらかしで十年一日の寂びた空気が売りものの倉庫のような店かどちらかで、主人との会話の楽しい店がなくなっている。骨董屋たるもの、時流を睨みつつも、偏屈を捨てては花がない。

　鶴岡のその骨董屋さんは、久しぶりに出会った骨董屋らしい骨董屋だった。いきなり友達数名で訪れ、手狭な店での物色で、人のすれ違いも窮屈になると、年配の主人は勝手に物色してくれと言わんばかりに外へ出て煙草を吸い始めた。その横顔が実に良かった。私が一枚の染付の皿を選び、洒落た図柄だけれど、何を描いたものか問うと、主人は店内にもどり、これは熨《の》しを描いたもので、長時間眺めていると見えてくると答えた。値札についた値よりも七、八千円黙って値引きをしてくれた。わずか十分間ほどの出会いであったが、私は骨董屋は顔が大事だなあと思ったことだった。私は家に帰

1「ミルク」で見せていただいた、くらわんか手の茶碗3種。花文の2つは径9.0cm、見込まで二重網手文が描かれたものは径9.5cm。高さは3点とも5.0cm。残念ながら「売り物」ではなく、ご主人のコレクション。**2**と**3**　喫茶店の奥には、現代陶芸家の作品を扱ったギャラリーに続いて、伊万里を置く部屋がある。いずれも主人の中村修さんの目にかなったものばかり。

ミルク

1

2

り、その染付皿にチーズとクラッカーを載せて葡萄酒を飲んでいるうちに猫を描いたような図柄が急に熨しに見えてきた。その途端、主人の横顔が頭に浮かんだ。また鶴岡へ行こう、そう心に決めたのだった。長い前置きになったが、それが今回の旅の序章である。

鶴岡の中心地から車で約十五分、湯野浜温泉「花門」という小ぢんまりとした旅館がある。洋風旅館とうたっている通り、夕食は洋食で、朝食は御飯。部屋は鍵付きベッドルーム。浴場へは浴衣で行ける快適な宿である。館のあちこちに伊万里の器が飾られ、食器としても活用されている。女将の羽根田秀子さんは一時期憑かれたように伊万里を買い漁り、寝ても覚めても伊万里であったという。レストランの名が「いまり」というのは、その名残りである。羽根田さんが自ら山に分け入り採って来た花を東北の堤焼《つつみやき》などの壺に活けてあるのもすがすがしい。所望すると、夜に応接間がバーになる。

「ミルク」でコーヒーを飲みながら、主人の中村さん（奥）と骨董談義に花を咲かせる。ソバ猪口や初期伊万里の御神酒徳利を特別に見せていただきながら、「うーん、これは売り物じゃないんですよねえ」と、筆者は未練の言葉をつぶやく。

1

2

3

4

1 小さな花や草、鳥の文様がいずれも清楚でかわいらしいソバ猪口5種。径6.5〜7.0　高5.0cm。**2** 瑠璃色がとても深くて美しい八角鉢。大が径17.0cm、4万円。小が径14.0cm、3万5000円。**3** 右から3つめ、大きめの花唐草文が径9.0cmで通常の大きさのソバ猪口。矢羽根や花、みじん唐草などの小さなソバ猪口7種は、径3.5〜5.0cm。**4** 矢羽根文なます皿。文化・文政時代の上手の品だ。1枚1万5000円。

今回も「花門」に泊ってウイスキーを飲んでいると、羽根田さんは明日は一日を割いて鶴岡の骨董屋を車で案内しましょうと買って出てくれた。母の仕事を手伝っている可愛い娘さんが「飛ばし過ぎたら、スピードに注意と言って下さい」と耳許で囁いた。どうやら一本気で、一途な人生を歩んで来た人らしい。

庄内に残る誇り高き伊万里

朝風呂を浴びながら、今日は楽しい一日になるという予感があった。羽根田さんの車は、鶴ヶ岡城址にほど近い古民芸の店「加賀屋」に向かった。ここは私が去年熨しの皿を買った店である。主人の名は斎藤文夫さんという。斎藤さんは、昔は品物が次から次に出て、東京の骨董屋さんが鶴岡に仕入れに来ると、二、三日でワゴン車が満杯になり、ニコニコ顔で帰って行ったよ、それが今は御覧の通りだ、と一往は慨嘆してみせたが、一方

1〜4 住宅街の一角に高橋芙美さん（1の右）の家を訪ねた。廊下に置いた和箪笥の中や座敷には伊万里の大皿小皿、猪口がぎっしり。たとえば安価なものでは、醤油皿1枚200円など。高橋さんはこれらの商品を積んで、埼玉県川越市まで車を飛ばし、毎月28日に開かれる骨董市（川越成田不動尊蚤の市）に出店している。「もう12年通ってます」。元気で楽しい店主だ。

芙美屋

ではそれでも鶴岡近在は今も余所より伊万里は豊富で、しかも質の高いものが出て来ますと微笑んだ。たしかに、一年の間でも店の品が動いているという感じがした。くらわんか手のなます皿など、五枚十枚と重ねられていて、量の頼もしさがある。未だお蔵に十客、二十客の器が箱にしまわれて眠っている家も残っているそうである。

若き日、買出しに旧家を廻ると、蔵の地べたに高台付きの初期のソバ猪口などが二個、三個転がっていて、箱に入っている器を買うついでに、「これもいただいて行きましょう」と持って帰ることが出来た、と斎藤さんは色男がもてた昔を語るような顔つきになった。市内から山の方に行くに従い、出る器も質朴なものになって行き、江戸時代の伊万里の値段の差がうかがえたとのこと。海から山へ、伊万里が陸上げされてたどった道の、もうその足跡も消え消えになっているのだろう。私は海から遠く、安く山の方に買

緑が美しい初夏の鶴岡公園（鶴ヶ岡城址）。市の中心部にあり、思い思いに散策を楽しめる。

われて行った伊万里が好きだ。九州からはるばる庄内まで運ばれ、さらに最上川を遡ったか、あるいは馬の背に乗せられて内陸への旅を経て、荷解きをされてすぐに働き始めた逞しい伊万里だ。私はくらわんか手の鉢を眺め、冬の庄内の地吹雪の音を聞いた。

切添町《きりぞえまち》の喫茶店「ミルク」は町の文化サロン。カウンターに座ってコーヒーを飲むと、奥の棚に並んだ可愛らしい御神《おみ》酒《き》徳利や猪口などが眺められ、一瞥しただけで、所蔵者の「私、伊万里にはまりました」という声が聞こえて来るようだ。店主の中村修さんは、喫茶店の奥でギャラリーも経営していて、そこに骨董も置いている。数は少ないけれども、矢羽根文様をめぐらしたなます皿や瑠璃の八角鉢は光彩を放っていた。謙虚この上ない中村さんも鶴岡の土地自慢になると、雄弁に語り始める。北前船が伊万里を運んで来ると、一番いいものは大阪で荷おろしをし、二番目にいいものが庄内でおろ

池徳古美術店

されたと聞いている。庄内に残った伊万里は香り高き伊万里なのだ、と。諾なるかな、帰りは庄内米をどっさり積んで帰る船は、酒田まで奮発して上等な伊万里を大量に運んだに違いない。中村さんのギャラリーに置かれた酒田で作られたと思しき船箪笥に瑠璃の光沢はよく親和していた。

庄内の歴史文化を学ぶには、城址公園のそばにある致道《ちどう》博物館を訪れるにしくはない。維新後、殿様の酒井氏が城跡に博物館を作ると知った領内の人々が藩主の徳に応えようと言って、無償で持ち寄った農具、漁具、その他生活に用いた道具のおびただしい数々が列されている。そのうちには背負《しょ》いこを担ぐ際に肩に当てた美しいバンドリや、鶴岡の郷土の焼きもの大宝寺《だいほうじ》焼《やき》などもあり、壮観である。江戸時代の庄内の暮らしがわかると同時に、鶴岡藩の人々の質実な気風までもが伝わってくる。まさに目で見る藤沢周平の世界である。

1「池徳古美術店」のショーウィンドウに飾ってあった花唐草の八寸皿。径24.0cm、6万円。　2 もう50年、3代続いている老舗骨董屋さん。もの静かで品のいい夫人が迎えてくれた。3 ガラスケースの中をじっくりと見る筆者。伊万里もいいけれど、大正・昭和期の古いガラス器も味わいがある。

致道博物館で大宝寺焼を大量に眺めた私の日は、旧七号線沿いの街道筋の古道具屋「アンティークコスモ」で伊万里を漁りつつも、大宝寺焼に敏感になっていた。鈍重ではあるけれど、山の花を差せばかすかな微笑を浮かべそうな大宝寺焼の小壺を御当地ものにもかかわらず、安く手に入れることができた。かつて庄内の農家の台所では伊万里の器と大宝寺焼の塩壺や貧乏徳利などとが共存していたわけで、そこでは白く硬質な伊万里は一段と輝いていたことであろう。

黄昏時に流れる「骨董屋時間」

鶴岡の骨董屋廻りをしていて感動したのは、鶴岡の年輩の女性の話す言葉の美しさである。「のう」と「の」の中間の「のう」という音の接尾語が、絶妙に人の心を和げ、かつ典雅な趣きをかもす。本町《ほんちょう》の「池徳古美術店」の夫人は「花門」の羽根田さんとは古くからのつき合

1 街道沿いの「アンティークコスモ」の店先を覗いてみると、100円均一のワゴンが！　若干のカケなどがあるが、日常使いにはほとんど支障がない。お値打ち物も探せる。**2** その隣には10円のワゴンまで！　かわいい蝦文様の皿などを見つけて、思わず手が伸びる。**3** 店内には伊万里のほか、大宝寺焼の壺や雑器などが並ぶ。目を皿のようにして、一点一点吟味する楽しみ！

アンティークコスモ

いがあったらしく、二人の丁寧な挨拶の言葉は見事だった。羽根田さんが十年程前に伊万里の器に血道を上げていた頃よりも今のほうが値下がりをしていて、またぞろ買いたくなってしまうと言うのに相槌を打つのだが、その相槌に情がこもっている。上方の文化が月山《がっさん》、朝日《あさひ》岳《だけ》、鳥海山《ちょうかいさん》、三方に鼎立《ていりつ》している美しい風景の中で熟成されて、このような言葉が育まれたのだろうか。同じく本町の「新古美術助川」の夫人もしかり。当主の息子があいにく留守で、しかも品物が届いたばかりで店が雑然として申し訳ないと、着物に割烹着姿でゆっくりと喋る助川夫人の庄内弁も味があった。

骨董屋は顔だと先に書いたが、骨董屋は言葉も大事だ。美しい庄内弁を耳にしながら見ると、見慣れた花唐草の伊万里の皿も一味異なるゆかしき皿に思われてくる。

鶴岡には逞しい女性もいた。自宅での商いよりもワゴン車に荷物を積んで毎月

小野田古美術店

1・2 閑静な住宅街にある「小野田古美術店」にて。4代目主人の小野田安生さんが店の奥で、初期伊万里の壺や皿をはじめ、信楽の壺などを次々に見せてくださった。坪庭に置いた庭石や石仏の風情もすばらしく、しばし時を忘れた。

埼玉県川越市まで通い、成田山川越別院で露店を出している「芙美屋」こと高橋芙美さんだ。江戸のものでも明治・大正のものでも時代ではなく心に響く器を集め、それを喜んで買って行く人の顔を眺め、さらに帰りの車中、信号待ちの間に売上げが入っている財布の札の枚数を数えるのは至福の時だと言い、腕を胸の前で合わせ、満面の笑みを浮かべる。伊万里の器は生きる力の源泉と言わんばかり。さぞや川越の市の人気者と想像される。

さて、私達がその日の最後に訪れたのは鳥居町の「小野田古美術店」だ。閑静な住宅地にあり、庭には藤原期の大ぶりな石仏が据えられている。小野田安生さんは鶴岡骨董界の重鎮といった方。骨董商として四代目、この道に入って五十四年という。仏教美術、古文書類が好きと言うだけあって学者のような雰囲気の人である。しかし、伊万里もきちんとおさえていて、店の棚には初期伊万里の皿が寂びた風合いの備前の船徳利に並んで置

湯野浜温泉の宿「花門」の女将、羽根田秀子さんは大の伊万里好き。この日の料理にあわせて、これまで集めた中から器を選んでくれた。前菜はトマトとバジルのキッシュ、ギリシャ風野菜のマリネ添え。ベロ藍といわれる染付大皿（径21.0cm）の深い青色に、料理の鮮やかな赤、緑、黄色が映え、食欲をそそる。

3

1

4

2

5

1 魚料理のスズキのポワレ。窓絵の赤絵皿（径21.5cm）で華やかに。**2** ヒラメやエビ、タコをふんだんに使った庄内浜のサラダ仕立て。松竹梅と鶴文様の皿（径22.0cm）で。**3** 肉料理の黒毛和牛サーロインステーキ。濃淡の美しい山水文染付皿（径24.0cm）。**4** 季節の山菜（こごみ、しどけ、こしあぶらなど）のベニエ（洋風天ぷら）をベロ藍の大皿（径39.5cm）に盛る。**5** 鍋島風染付皿（径16.0cm）にパン。バター皿には青磁の小皿を。

洋風旅館 花門

かれ、奥の座敷にはころんと丸い初期の壺が二点、李朝の箪笥に置かれるといった按配。

　小野田さんは控え目だが話題が豊富で、昔こんなものを見つけたことがある、こんなものを扱ったことがあると、日本のあちこちの土地の名を挙げながら語り始めると、目は宙を浮き、話をしているこちらも、今がいつのことか、ここがどこかあやふやな感じに引きこまれる。そう、私が時に「骨董屋時間」と呼ぶ所の感覚である。頃はすでに黄昏。知らない町の夕まぐれ、物知りの骨董話を聞くのも久しぶりのことだ。

　その夜、羽根田さんは鶴岡の泉町の小体な料理屋を教えてくれ、そのカウンターで私は近海で獲れた魚をつつき、ゆっくり杯を運びながら、朝から廻った骨董店の主人の顔、そこで眺めた数々の伊万里を思い出していた。長い一日だったが、楽しかった。そして、また鶴岡に来ようと心に決めた。

1

3

2

今回の旅で訪ねた
骨董店と宿

加賀屋
鶴岡市山王町8-25　電話0235-22-2446

ミルク
鶴岡市切添町20-24　電話0235-24-8730

芙美屋
鶴岡市青柳町36-14　電話0235-23-7185

池徳古美術店
鶴岡市本町2-14-20　電話0235-22-0881

アンティークコスモ
鶴岡市西新斎町9-5　電話0235-25-0066

新古美術助川
鶴岡市本町1-7-8　電話0235-24-1002

小野田古美術店
鶴岡市鳥居町13-12　電話0235-22-6165

洋風旅館 花門
鶴岡市湯野浜1-19-8　電話0235-75-2155
1名1泊2食12600円より

月山の麓、旧庄内藩士たちが幾多の困難をのり越えて開墾した松ヶ岡には、木造3階建ての蚕室などの建物が残されている。維新時代の空気を感じられる場だ。

1・2・3「花門」女将の羽根田さん（**3**）が30年来集めてきた伊万里の食器類。「気に入っている器を使えば、食卓も華やぐし、料理がおいしくなりますよね」
4・5・6 今回の旅で求めた品々。**4**はくらわんかのなます皿。径14.0cm、7枚1万5000円。花入れは「アンティークコスモ」で得た大宝寺焼。高14.0cm、1万円。**5**は小皿類。1枚10円から5枚1万円までさまざま。**6**は「新古美術助川」で求めた煎茶道具。急須3点とも径10.0cm、500〜1000円。茶碗は径6.0cm、5客1000円。伊万里じゃない品も混じっているのは旅の愛嬌。

4

5

6

協力者一覧（五十音順・敬称略）

井上雅之
大橋康二
勝見充男
金子直樹
栗林勇二郎
神山繁
柴澤一仁
新谷政彦
清野盈夫
田島充
星野博子
松井信義
宮島格三
吉澤寛治

青森市教育委員会
有田町歴史民俗資料館
有田陶磁美術館
石川県埋蔵文化財センター
出光美術館
今右衛門古陶磁美術館
上杉神社
大阪市立東洋陶磁美術館
北村美術館
国立歴史民俗博物館
佐賀県立九州陶磁文化館
サントリー美術館
静嘉堂文庫美術館
瀬良石苔堂
千總
DNPアートコミュニケーションズ
東京国立博物館
東京大学埋蔵文化財調査室
名古屋城管理事務所
日本民藝館
平凡社
大和文華館
The Metropolitan Museum of Art

撮影

野中昭夫（p53、p100〜109、p112〜127）
新潮社写真部／筒口直弘＋広瀬達郎（上記以外）

ブックデザイン

熊谷智子

地図製作

ジェイ・マップ

●本書は、「芸術新潮」2004年12月号「伊万里のはじまり」特集を再編集し、増補したものです。「文・編集部」とあるのは同誌編集部および「とんぼの本」編集部によります。

主要参考文献

・瀬良陽介編『古伊万里染付図譜』 平安堂書店 1959年
・水町和三郎『陶器全集 第22巻 初期伊万里』 平凡社 1960年
・秦秀雄『古伊万里図鑑』 大門出版美術出版部 1971年
・日本民藝館編『柳宗悦蒐集 民芸大鑑 第１巻』 筑摩書房 1981年
・ハリー・G・C・パッカード『日本美術蒐集記』 新潮社 1993年
・長谷部楽爾＋今井敦編著『中国の陶磁 第12巻 日本出土の中国陶磁』 平凡社 1995年
・「大皿の時代―宴の器」展図録 出光美術館 1998年
・「町内古窯跡群詳細分布調査報告書 第11集 有田の古窯」 有田町教育委員会 1998年
・小木一良＋村上伸之『［伊万里］誕生と展開―創成からその発展の跡をみる』 創樹社美術出版 1998年
・大橋康二『世界をリードした磁器窯 肥前窯』 新泉社 2004年
・荒川正明『やきものの見方』 角川選書 2004年
・「古九谷」展図録 出光美術館 2004年
・Fujio Koyama, Japanese Ceramics:From Ancient to Modern Times, The Oakland Art Museum, 1961

古伊万里《こいまり》　磁器《じき》のパラダイス

発行　2009年9月20日

著者　青柳恵介《あおやぎけいすけ》　荒川正明《あらかわまさあき》
発行者　佐藤隆信
発行所　株式会社新潮社
住所　〒162-8711　東京都新宿区矢来町71
電話　編集部　03-3266-5611
読者係　03-3266-5111
http://www.shinchosha.co.jp
印刷所　大日本印刷株式会社
製本所　加藤製本株式会社
カバー印刷所　錦明印刷株式会社

ISBN978-4-10-602194-7　C0395